L'EVANGILE

DU

JOUR.

TOME PREMIER.

L'EVANGILE DU JOUR.

CONTENANT

SECONDE EDITION AUGMENTÉE.

LONDRES.

MDCCLXXII.

LES
COLIMAÇONS

Du Révérend Pere l'Escarbotier, par la grace de Dieu Capucin indigne, prédicateur ordinaire, & cuisinier du grand Couvent de la ville de Clermont en Auvergne. Au Révérend Pere Elie, Carme chauffé Docteur en Théologie. 1768.

PREMIERE LETTRE.

Mon Révérend Pere,

Il y a quelque temps qu'on ne parlait que des Jésuites, & à présent on ne s'entretient que des escargots. Chaque chose a son temps; mais il est certain que les Colimaçons dureront plus que tous nos ordres religieux: car il est clair que si on avait coupé la tête à tous les Capucins & à tous les Carmes, il ne pourraient plus recevoir de novices; au lieu qu'une limace à qui l'on a coupé le cou, reprend une nouvelle tête au bout d'un mois.

Plusieurs Naturalistes ont fait cette expérience, & ce qui n'arrive que trop souvent, ils ne sont pas du même avis. Les uns disent que ce sont les limaces simples, que j'appelle incoques, qui reprennent une tête; les autres disent que ce sont les escargots, les limaçons à coquilles. *Experientia fallax*, l'expérience même est trompeuse. (1)

(1) Dans un Programme des reproductions animales imprimé à Geneve chez Claude Philibert, il est dit page 6 dans l'avis du traducteur, que la tête & les autres parties se reproduisent dans l'escargot terrestre; & que les cornes se reproduisent dans le limaçon sans coquille, c'est communément tout le contraire. Et d'ailleurs les limaces nues incoques, & le colimaçon à coquille sont également terrestres.

A

Il eſt très vraiſemblable que le ſuccès de cette tentative dépend de l'endroit dans lequel l'on fait l'amputation & de l'âge du patient. Je dois ſans vanité me connaître mieux en colimaçons que Meſſieurs de l'Académie des Sciences, & même que la Sorbonne qui ſe connaît à tout : car depuis que le bienheureux Matthieu Baſchi à qui Dieu apparut, nous ordonna de rendre notre capuchon plus pointu (dont nous tenons le grand nom de Capucins) nous avons toujours mangé des fricaſſées d'eſcargots aux fines herbes.

Comme les cuiſiniers ont toujours été des eſpeces d'anatomiſtes , je me ſuis donné ſouvent le plaiſir innocent de couper des têtes de colimaçons eſcargots à coquilles, & de limaces nues incoques. Je vais vous expoſer fidélement ce qui m'eſt arrivé. Je ſerais fâché d'en impoſer au monde ; je ſuis prédicateur auſſi bien que cuiſinier ; mon métier eſt de nourrir l'ame comme le corps, & *l'Univers* ſait que je ne la nourris pas de menſonges.

Le vingt-ſept de Mai par les neuf heures du matin, le temps étant ſerein, je coupai la tête entiere avec ſes quatre antennes à vingt limaces nues incoques de couleur mort-doré brun ; & à douze eſcargots à coquilles. Je coupai auſſi la tête à huit autres eſcargots , mais entre les deux antennes. Au bout de quinze jours, deux de mes limaces ont montré une tête naiſſante, elles mangeaient déjà & leurs quatre antennes commençaient à poindre. Les autres ſe portent bien, elles mangent ſous le capuchon qui les couvre ſans allonger encor le cou. Il ne m'eſt mort que la moitié de mes eſcargots, tous les autres ſont en vie. Ils marchent, ils grimpent à un mur, ils allongent le cou ; mais il n'y a nulle apparence de tête, excep-

té à un feul. On lui avait coupé le cou entiérement, fa tête eſt revenue; mais il ne mange pas
encore. *Unus eſt ne deſperes ; ſed unus eſt ne con-
fidas.* (2)

Ceux à qui l'on n'a fait l'opération qu'entre les
quatre antennes ont déjà repris leur muſeau. Dès
qu'ils feront en état de manger & de faire l'amour,
j'aurai l'honneur d'en avertir votre Révérence.
Voilà deux prodiges bien avérés : des animaux
qui vivent fans tête; des animaux qui reproduiſent
une tête.

J'en ai fouvent parlé dans mes fermons, & je
n'ai jamais pu les comparer qu'à Saint Denis l'A-
réopagite, qui ayant eu la tête coupée la porta
deux lieues dans fes bras en la baifant tendrement.

Mais fi l'hiſtoire de Saint Denis eſt d'une vérité
Théologique, l'hiſtoire des Colimaçons eſt d'une
vérité Phyſique, d'une vérité palpable dont tout
le monde peut s'aſſurer par fes yeux. L'avanture
de Saint Denis eſt le miracle d'un jour, & celle
des Colimaçons le miracle de tous les jours.

J'oſe eſpérer que les eſcargots reprendront des
têtes entieres comme les limaces ; mais enfin je
n'en ai encor vu qu'un à qui cela foit arrivé, &
je crains même de m'être trompé.

Si la tête revient difficilement aux eſcargots, ils
ont en récompenfe des privileges bien plus confi-
dérables. Les Colimaçons ont le bonheur d'être
à la fois mâles & femelles, comme ce beau garçon fils de Vénus & de Mercure, dont la Nimphe

(2) On eſt obligé de dire qu'on doute encore fi cet eſcargot auquel il revient une tête, & dont une corne commence à paraître, n'eſt
pas du nombre de ceux à qui l'on n'a coupé que la tête & deux
antennes. Il eſt déjà revenu un muſeau à ceux-ci au bout de quinze jours. Ces expériences font certaines. Les plaifanteries du Capucin ne doivent pas les affaiblir. *Ridendo dicere verum quid vetat ?*

Salmacis fut amoureufe. Pardon de vous citer des hiftoires profanes.

Les Colimaçons font affurément l'efpece la plus favorifée de la nature. Ils ont de doubles organes de plaifir. Chacun d'eux eft pourvu d'une efpece de carquois blanc, dont il lance des flêches amou-reufes longues de trois à quatre lignes. Ils don-nent & reçoivent tour à tour; leurs voluptés font non-feulement le double des nôtres; mais elles font beaucoup plus durables. Vous favez, mon Révé-rend Pere, dans quel court efpace de temps s'éva-nouït notre jouiffance. Un moment la voit naître & mourir. Cela paffe comme un éclair, & ne revient pas fi fouvent qu'on le dit, même chez les Carmes. Les Colimaçons fe pâment trois, quatre heures entieres. C'eft peu par rapport à à l'éternité; mais c'eft beaucoup par rapport à vous & à moi. Vous voyez évidemment que Louis Racine a tort d'appeller le Colimaçon *folitai-re odieux*, il n'y a rien de plus fociable. J'ofe in-terpeller ici l'amant le plus tendre & le plus vigou-reux; s'il était quatre heures entieres dans la mê-me attitude avec l'objet de fes chaftes amours, je penfe qu'il ferait bien ennuyé & qu'il défirerait d'ê-tre quelque tems à lui-même; mais les Colima-çons ne s'ennuient point. C'eft un charme de les voir s'approcher & s'unir enfemble par cette lon-gue fraife qui leur fert à la fois de jambes & de manteau. J'ai cent fois été témoin de leurs ten-dres careffes. Si les limaces incoques n'ont, ni les deux fexes, ni ces longs raviffemens, la nature en récompenfe les fait renaître. Lequel vaut mieux? Je le laiffe à décider aux Dames de Clermont.

Je n'oferais affurer que les Efcargots nous fur-paffent autant dans la faculté de la vue que dans celle de l'amour. On prétend qu'ils ont une double paire d'yeux comme un double inftrument de tendreffe. Quatre yeux pour un Colimaçon! ô Nature! Nature! Cela eft très-poffible; mais cela eft-il bien vrai? Monfieur le Prieur de Jonval n'en doute pas dans le fpectacle de la nature; & ceux qui n'ont vu de Colimaçons que dans ce livre en jurent après lui. Cependant la chofe m'a paru fauffe. Voici ce que j'ai vu. Il y a un grain noir au bout de leurs grandes antennes fupérieures. Ce point noir defcend dans le creux de ces deux trompes quand on y touche, à travers une efpece d'humeur vitrée, & remonte enfuite avec célérité; mais ces deux points noirs me femblent manquer abfolument dans les trompes, ou cornes, ou antennes inférieures qui font plus petites. Les deux grandes antennes font des yeux; les deux petites me paraiffent des cornes, des trompes, avec lesquelles l'Efcargot & la limace cherchent leur nourriture. Coupez les yeux & les trompes à l'Efcargot & à la limace: incoque, ces yeux fe reproduifent dans la limace incoque, peut-être qu'ils reffufciteront auffi dans l'Efcargot.

Je crois l'une & l'autre efpece fourde: car quelque bruit que l'on faffe autour d'eux; rien ne les allarme. Si elles ont des oreilles, je me retracterai; cela ne coute rien à un galant homme.

Enfin, mon Révérend Pere, qu'ils foient fourds ou non, il eft certain que les têtes des limaces reffufcitent; & que les Colimaçons vivent fans tête. *O altitudo divitiarum!*

SECONDE LETTRE.

MEs Confreres ne pouvaient croire d'abord qu'un être qu'ils mangeaient, reſſuſcitât. J'avais beau leur mettre ſous les yeux l'exemple des écreviſſes auxquelles il revient des pattes, de certains vers de terre, non pas tous, auxquels il revient des queues, de nos cheveux, de nos dents, de notre peau qui renaiſſent. Ils me diſaient que notre peau, nos dents, nos cheveux, nos ongles, & les pattes d'écreviſſe ne penſent point; que la tête eſt le ſiege de la penſée & le principe de la ſenſation, que l'ame d'un Colimaçon réſide dans la glande pinéale, qu'elle s'enfuit quand la tête eſt coupée, & ne revient jamais; qu'on n'a point vu d'homme ſans tête, penſer, marcher, raiſonner, parler; & que ſi cela eſt arrivé à St. Denis & à d'autres, c'eſt un miracle qui était néceſſaire dans les tems où il fallait planter la foi, mais qui ne l'eſt plus quand la foi a jetté ſes profondes racines.

Je leur répondis qu'on avait depuis peu reſſuſcité deux pendus qui ſe mirent à penſer dès qu'ils purent manger. Je leur citai ce brave chirurgien qui prétend très poſſible de remettre une tête ſur le cou d'un décapité. Il n'y a, dit-il, qu'à faire tenir le patient debout, au lieu de le faire mettre ridiculement à genoux la tête baſſe, ce qui dérange le cours des eſprits animaux.

Os homini ſublime dedit, cælumque tueri
Juſſit, & erectos ad ſidera tollere vultus.

Il faut que le patient conſerve ſa poſition verti-

cale; qu'un homme adroit & vigoureux lui pofe
les deux mains fermes fur la tête; & dès que l'exé-
cuteur de la juftice, ou injuftice, aura coupé le cou,
le Chirurgien-Major & deux Aides recoudront
promptement la peau. Alors, rien n'ayant été
dérangé, le fang coulant dans les mêmes mufcles,
la penfée reftera toujours à la place où elle était.
Voilà comme ce profond anatomifte explique la
chofe felon les principes de Haller.

Un de nos Peres qui a profeffé longtems la Philofophie fut très-content de ce Syftême. Cela eft
bel & bon, dit-il; mais qu'eft devenue l'ame de
votre limace incoque & de votre efcargot, pendant tout le temps que la tête était féparée du
corps? Elle n'était pas dans cette tête coupée qui
pourit au bout de quelques heures. Etait-elle dans
ce corps fans tête? Y avait-il dans ce corps un
germe de quatre cornes-d'yeux, de gozier, de
dents, de mufle & de penfée.

Cette queftion curieufe en fit naître d'autres;
nous demandâmes tous ce que c'eft qu'une ame.
Nous reffemblions aux médecins du maladie ima-
ginaire.

Quare opium facit dormire?
Quia eft in eo virtus fopitiva quæ facit fopire.
Quare anima facit cogitare?
Quia eft in ea virtus penfativa quæ facit penfare.

Vous, mon révérend Pere, dont l'efprit eft fi
immenfe & fi creux, dites-moi, je vous prie, ce
que c'eft qu'une ame, & comment elle peut être
reproduite dans un corps fans tête.

Réponse du Révérend Pere Elie, Carme Chauffé.

LA queftion que vous me propofez, mon révérend Pere, eft la chofe du monde la plus fimple
& la plus claire, pour peu qu'on ait étudié en
Théologie. Le grand Saint Thomas, l'Ange de
l'école, dit en termes exprès, l'ame eft en toutes
les parties du corps felon la totalité de fa perfection & de fon effence, & non felon la totalité de
fa vertu (3).

Or, la mémoire, entant que vertu confervative
des efpeces intelligibles, regarde en partie l'intel-
lect, & entant que repréfentant le paffé comme
paffé, regarde l'ame fenfitive. Donc les Colimaçons ont une ame.

Or, il eft dit que l'ame des brutes (4) eft dans
le fang. Mais les Colimaçons n'ont point de fang;
donc leur ame eft dans leurs cornes, ce qui était
à démontrer.

Pour les limaces incoques à qui on a coupé la
tête, c'eft toute autre chofe. Une ame étant fi
fubtile qu'il en tiendrait cent mille fur une puce, il
arrive qu'auffitôt que la tête de la limace a été coupée, l'ame s'enfuit à fon derriere & y refte jufqu'à ce que la tête foit reproduite. Alors elle reprend fon ancien domicile. Rien n'eft plus naturel
& plus à fa place. La réproduction des parties gé-
nitales ferait bien plus intéreffante; & c'eft fur cela
que je vous prie de faire les expériences les plus
exactes.

Si vous avez encor quelques difficultés, ne m'é-

(3) *Queftion LXXVI partie premiere.*
(4) *Deut:renome ch. 12, Léyitique ch. 16.*

pargnez pas. Je falue le R. P. Ange de *vino rubro*, & le R. P. *de pediculis*. Je fuis fâché de la petite fcene que votre Couvent a donnée derniérement en fe battant à coups de poing; j'efpere que tout tournera à la plus grande gloire de Saint François d'Affife & du bienheureux Matthieu Bafchi que Dieu abfolve.

TROISIEME LETTRE,

Du Révérend Pere L'Efcarbotier.

JE vous envoie, mon Révérend Pere, une differtation d'un Phyficien de St. Flour en Auvergne à laquelle je n'entends rien. Je vous fupplie de m'en dire votre avis. Je n'ai pas le tems de vous écrire plus au long. Je fors de chaire, & je vais à la cuifine. Dieu vous foit en aide.

Differtation du Phyficien de St. Flour.

J'Adore l'intelligence fuprême dans un Colimaçon & dans des millions de foleils allumés par fa puiffance éternelle; mais je ne connais ni la ftructure intime de ces mondes, ni celle d'un Colimaçon. Par quel art le Polype (fi c'eft un animal, ce qui n'eft pas affurément éclairci) renait-il quand on l'a coupé en cent morceaux, & produit-il fes femblables des débris mêmes de fon corps? Par quel myftere non moins incompréhenfible le Limaçon reprend-il une tête nouvelle avec les organes de la génération? Il eft doué certainement du mouvement fpontané de volonté & de défirs. A-t-il ce qu'on appelle une ame? je fais gloire de n'en rien favoir, & d'ignorer ce que c'eft qu'une ame.

A 5

Tout ce que je fais avec certitude c'eft que la génération des Colimaçons eft auffi ancienne que le
monde, & qu'il eft auffi vrai qu'il eft né de fon
femblable qu'il eft vrai que rien ne fe fait de rien
depuis qu'il exifte quelque chofe.

Prefque tous les philofophes favent aujourd'hui
combien on s'empreffa de fe tromper il y a environ quinze ans, quand le Jéfuite Irlandais nommé
Néedham s'avifa de croire, & de faire croire que
non feulement il avait fait des anguilles avec de la
farine de bled ergoté, & avec du jus de mouton
bouilli au feu, mais même que ces anguilles en
avaient produit d'autres, & que dans plufieurs de
fes expériences les végétaux s'étaient changés en
animaux. Néedham auffi étrange raifonneur que
mauvais chymifte, ne tira pas de cette prétendue
expérience les conféquences naturelles qui fe pré-
fentent. Ses fupérieurs ne l'euffent pas fouffert.
Il était en France déguifé en homme, & attaché à
un Archevêque, perfonne ne favait qu'il fût Jéfuite.

Un Géomètre, un Philofophe, un homme qui
a rendu des grands fervices à la Phyfique, & dont
j'ai toujours eftimé les travaux, l'érudition & l'élo-
quence, eut le malheur d'être féduit par cette expérience chimérique. Prefque tous nos Phyficiens
furent entraînés dans l'erreur comme lui. Il arriva
enfin qu'un Charlatan ignorant tourna la tête à des
Philofophes favans. C'eft ainfi qu'un gros commis
des Fermes dans la Baffe-Brétagne, nommé Mal-
crais de la Vigne, fit accroire à tous les beaux efprits de Paris qu'il était une jeune & jolie femme,
laquelle faifait fort bien des vers.

Si Néedham le Jéfuite avait été en effet un bon
Phyficien, fi fes obfervations avaient été juftes, fi
du perfil fe change en animal, fi de la colle de fa-

rine, du jus de mouton bien bouilli, & bien bou-
ché dans un vaſe de verre inacceſſible à l'action de
l'air, produiſent des anguilles qui deviennent bientôt meres, voilà toute la nature bouleverſée; voilà
l'ancienne erreur reſſuſcitée que la corruption eſt
mere de la génération. Il n'y a plus de germe; &
ce que Lucrece avec toute l'antiquité jugeait impoſſible va s'accomplir.

> *Ex omnibus rebus*
> *Omne genus naſci poſſet, nil femine egeret.*
> *Ex undis homines, ex terra poſſet oriri*
> *Squammiferum genus, & volucres erumpere cœlo,*
> *Armenta & pecudes ..... ferre omnes omnia poſſent.*

Le hazard incertain de tout alors diſpoſe.
L'animal eſt ſans germe, & l'effet eſt ſans cauſe.
On verra les humains ſortir du fond des mers,
Les troupeaux bondiſſants tomber du haut des
  airs,
Les poiſſons dans les bois naiſſant ſur la verdure;
Tout pourra tout produire, il n'eſt plus de nature.

Lucrece avoit aſſurément raiſon en ce point de
phyſique, quelqu'ignorant qu'il fût d'ailleurs ; & il
eſt démontré aujourd'hui aux yeux & à la raiſon
qu'il n'eſt ni de végétal, ni d'animal qui n'ait ſon
germe. On le trouve dans l'œuf d'une poule comme
dans le gland d'un chêne. Une puiſſance formatri-
ce préſide à tous ces dévelopements d'un bout de
l'Univers à l'autre. Il eſt triſte que l'Académicien
qui ſe laiſſa tromper par les fauſſes expériences de
Néedham ſe ſoit hâté de ſubſtituer à l'évidence
des germes, ſes molécules organiques. Il forma
un Univers. On avait déjà dit que la plupart des

Philofophes à l'exemple du chimérique Defcartes avaient voulu reffembler à Dieu, & faire un monde avec la parole.

A peine le pere des molécules organiques était à moitié chemin de fa création, que voilà les anguilles meres & filles qui difparaiffent. Monfieur Spalanzani, excellent obfervateur, fait voir à l'œil la chimere de ces prétendus animaux, comme la raifon la démontrait à l'efprit. Les molécules organiques s'enfuient avec les anguilles dans le néant dont elles font forties. Elles vont y trouver l'attraction par laquelle un fonge-creux formait les enfans dans la Vénus Phyfique; Dieu rentre dans fes droits; il dit à tous les Architectes de fyftêmes comme à la mer, *Procedes huc & non ibis amplius.*

Il eft donné à l'homme de voir, de mefurer, de compter & de pefer les œuvres de Dieu; mais il ne lui eft pas donné de les faire.

Maillet Conful au Caire imagina que la mer avait tout fait, que fes eaux avaient formé les montagnes, & que les hommes devaient leur origine aux poiffons. Le même Phyficien, qui malgré fes lumieres adopta les anguilles de Néedham, donna encor dans les Montagnes de Maillet. Il eft fi perfuadé de la formation de fes montagnes qu'il fe moque de ceux qui n'en croient rien. Cela s'appelle en vérité fe moquer du monde. Mais s'il lui eft permis, comme à tout homme perfuadé, de traiter du haut en bas les incrédules, il n'eft pas défendu aux incrédules de lui expofer modeftement leurs doutes. Il doit du-moins pardonner à celui qui a dit que la formation des mers par le Caucafe & par les Alpes, ferait encor moins contre la vraifemblance que la formation des Alpes & du Caucafe par les mers. Car au moins on voit tomber

es rivieres de ces neiges éternelles dont les hautes
ontagnes font couvertes, & ces rivieres pourraient
toute force avoir formé des mers. Mais comment l'Océan par fon flux & par fes courants aurait-il élevé le Mont St. Gothard de 16500 pieds
au deffus du niveau de la mer, telle qu'elle eft aujour-
d'hui? Le lit qui eft à préfent celui de l'Océan é-
tait, dit-on, terre ferme alors, & les Alpes étaient
mer. Mais ne voit-on pas que le lit de l'Océan
eft creufé, & que fans cette profondeur la mer
couvrirait la fuperficie du globe? Comment l'Océan
aurait-il pu fe percher d'un côté fur le mont blanc,
& de l'autre fur les cordelieres à feize, à dix-fept
mille pieds de haut, & laiffer à fec toutes les plaines? Comment les animaux auraient-ils vécu dans
ces plaines fans eau de riviere? Tout cela n'eft-il
pas d'une impoffibilité démontrée? Et n'eft-ce pas
l'hiftoire furnaturelle plutôt que la naturelle?

Pour fe tirer de cet embaras, on a recours aux
Iles qui font des rochers, & on prétend que la
terre qui était alors à la place de l'Océan avait fes
rivieres qui defcendaient de ces Iles. Mais il n'y
a pas une feule Ile confidérable dans la mer pacifique, depuis Panama jufqu'aux Mariannes dans
l'efpace de cent dix degrés. On ne voit pas dans
les mers du Sud & du Nord une Ile qui ait une riviere de cent pieds de large. Peut-on s'aveugler
au point de ne pas voir que les montagnes des
deux continents font des pieces effentielles à la machine du globe, comme les os le font aux *bipedes*
& aux *quadrupedes*?

Mais la mer a quitté fes rivages; elle a laiffé à
fec les ruines de Carthage; Ravenne n'eft plus un
port de mer, &c. Eh bien, parce que la mer fe
fera retirée à dix, à vingt mille pas d'un côté,

cela prouve-t-il qu'elle ait voyagé pendant des multitudes de fiecles, à mille, à deux mille lieues fur la cime des montagnes ? Oui, dites-vous, *car on trouve partout des coquilles de mer ; & le porphire n'eſt compoſé que de pointes d'ourſin. Il y a des gloſſopetres, des langues de chien marin pétrifiées ſur les plus hautes montagnes, les cornes d'Ammon qui ſont des pétrifications du Nautilus poiſſon des Indes, ſont communes dans les Alpes ; enfin le Fallum de Touraine, avec lequel on fume les terres, eſt un long amas de coquilles. On voit de ces tas de coquilles aux environs de Paris & de Rheims, &c.*

J'ai vu une partie de tout cela, & j'ai douté. Quand la mer ſerait venue infenfiblement juſqu'en Champagne, & s'en ferait retournée infenfiblement dans la ſuite des tems, cela ne prouverait pas qu'elle eut monté ſur le Mont St. Bernard. J'y ai cherché des huitres, je n'y en ai point trouvé. Et en dernier lieu, tout l'état major qui a meſuré cette chaîne horrible de rochers n'y a pas vu le moindre veſtige de coquilles. Les bords eſcarpés du Rhône en ſont incruſtés, mais c'eſt évidemment de coquilles de Colimaçons, de bivales, de petits teſtacés, trèsfréquens dans tous les lacs voiſins. De coquilles de mer on n'en trouve jamais.

Il n'y a pas longtems que dans un de mes champs à cent cinquante lieues des côtes de Normandie, un laboureur déterra vingt quatre douzaines d'huitres ; on cria miracle ; c'était des huitres qu'on m'avait envoyées de Dieppe il y avait trois ans. Je ſuis de l'avis de l'homme aux quarante écus, qui dit que des Médailles romaines trouvées au fond d'une cave à ſix cents lieues de Rome, ne prouvent pas qu'elles avoient été fabri-

uées dans cette cave. Quant au fallum de Tou-
aine dont on se sert pour fumer les terres, si c'é-
aient des coquilles de mer, elles feraient assuré-
ent un très-mauvais fumier, & on aurait une
auvre récolte. J'ai ouï dire à des Tourangeaux
u'il n'y a pas une seule vraie coquille dans ces
inieres, que c'est une masse de pierres calcaires
alcinées par le tems, ce qui est très vraisembla-
ble. En effet, si la mer avait déposé dans une
suite prodigieuse de siecles ces lits de petits crus-
tacés, pourquoi n'en trouverait-on pas autant
dans les autres Provinces?

Faut-il que tous les Physiciens aient été les du-
pes d'un visionnaire nommé Palissi? C'était un po-
tier de terre qui travaillait pour le Roi Louis XIII,
il est l'auteur d'un livre intitulé *le moyen de devenir
riche*, *& la maniere véritable par laquelle tous les
hommes de France pourront apprendre à multiplier &
augmenter leur trésor & possessions, par Maître
Bernard Palissi, inventeur de rustiques figulines du
Roi.* Ce titre seul suffit pour faire connaître le
personnage. Il s'imagina qu'une espece de marne
pulvérisée qui est en Touraine était un magazin
de petits poissons de mer. Des Philosophes le crurent. Ces milliers de siecles pendant lesquels la
mer avait déposé ses coquilles à trente six lieues
dans les terres les charmerent, & me charmeraient
tout comme eux, si la chose était vraie. Mais
qu'on me montre seulement douze vraies coquilles
tirées de ces minieres.

Le Porphire composé de pointes d'oursin! Juste Ciel quelle chimere! j'aimerais autant dire que
le diamant est composé de pattes d'oie. Avec
quelle confiance ne nous répete-t-on pas sans ces-
se que les glossopetres dont quelques colines sont

couvertes, font des langues de chien marin! quoi!
dix ou douze mille marſouins feraient venus dé-
poſer leurs langues dans le même endroit il y a
quelque cinquante mille années! quoi! la nature
qui forme des pierres en étoiles, en volutes, en
piramides, en globe, en cube, ne pourra pas en
avoir produit qui reſſemblent fort mal à des langues de poiſſon. · J'ai marché ſur cent cornes
d'Ammon de cent grandeurs différentes, & j'ai
toujours été ſurpris qu'on n'ait pas voulu permettre à la terre de produire ces pierres, elle qui produit des bleds & des fruits plus admirables ſans
doute que des pierres en volute.

Mais on aime les ſyſtêmes, & depuis que Paliſſi
a cru que les mines calcaires de Touraine étaient
des couches de petoncles, de glands de mer, de
buccins, de pholades, cent naturaliſtes l'ont répété.　On s'intéreſſe à un ſyſtème qui fait remonter les choſes à des milliers de ſiecles. Le monde
eſt vieux, d'accord; mais a-t-on beſoin de cette
preuve pour réformer la chronologie? Combien
d'autres ont répété qu'on avait trouvé un ancre de
vaiſſeau ſur la cime d'une montagne de. Suiſſe, &
un vaiſſeau entier à cent pieds ſous terre? Telia-
med triomphe ſur cette belle découverte.　On a
vu un vaiſſeau dans les abîmes de la Suiſſe en
1460: donc on navigait autrefois ſur le St. Bernard & ſur le St. Gothart: donc la mer a couvert
autrefois tout le globe; donc alors le monde n'a
été peuplé que de poiſſons: donc lorſque les eaux
ſe ſont retirées & ont laiſſé le terrein à ſec, les
poiſſons ſe ſont changés en hommes! Cela eſt fort
beau; mais j'ai de la peine à croire que je deſcen-
de d'une morue.

Si l'on veut du merveilleux, il en eſt aſſez ſans
le

le chercher dans de telles hypothèses. Les huitres, les pucerons qui produisent leurs semblables sans s'accoupler, les simples vers de terre qui reproduisent leurs queues, les limaces auxquelles il revient des têtes, sont des objets assez dignes de la curiosité d'un Philosophe.

Cet animal à qui je viens de couper la tête est-il encore animé? Oui sans doute, puisque l'Escargot décapité remue & montre son cou, puisqu'il vit, puisque la tête revient en moins d'un mois à des Limaces incoques.

Cet animal a-t-il des sensations avant que sa tête soit revenue? Je dois le croire puisqu'il remue le cou, qu'il l'étend, & que dès qu'on y touche, il le resserre.

Peut-on avoir des sensations sans avoir au-moins quelque idée confuse? Je ne le crois pas: car toute sensation est plaisir ou douleur, & on a la perception de cette douleur, & de ce plaisir. Autrement ce serait ne pas sentir.

Qui donne cette sensation, cette idée commencée? Celui qui a fait le limaçon, le soleil & les astres. Il est impossible qu'un animal se donne des sensations à lui même. Le sceau de la Divinité est dans les apperceptions d'un ciron, comme dans le cerveau de Newton.

On cherche à expliquer comment on sent, comment on pense. Je m'en tiens au poëte Aratus que St. Paul a cité.

In Deo vivimus, movemur & sumus.

Ah! si Mallebranche avoit voulu tirer de ce principe toutes les conséquences qu'il en pouvait

B

tirer! Peut-être quelqu'un renouera le fil qu'il a rompu.

Fin de cette Differtation.

Réponse du Carme au Capucin, & son sentiment sur la Dissertation précédente.

GArdez-vous bien, mon Révérend Pere, de vous laisser séduire par les Philosophes dangereux qui avancent que tous les animaux & les végétaux naissent d'un germe qui se développe & que rien ne vient de corruption. C'est une héréfie damnable.

St. Thomas dit en termes formels. *Primum in generatione est ultimum in corruptione.* Là où la corruption finit la génération commence. St. Paul dans la premiere aux Corinthiens parle ainsi aux incrédules. *Mais dira quelqu'un, Comment les morts ressusciteront-ils? Insensés, ne voyez-vous pas que les grains semés par vous ne se vivifient point s'ils ne meurent.* Il dit ensuite. *On seme dans la corruption, on recueille dans l'incorruption.* Voyez l'Evangile de St. Jean chapitre douze: *Si un grain de froment tombant en terre ne meurt pas, il demeure inutile; mais s'il meurt il donne beaucoup de fruit.*

Il est donc évident que c'est la pourriture qui est la mere de tout ce qui respire.

A l'égard de l'Océan qui a couvert les montagnes, St. Thomas n'en dit rien. Aussi je ne vous en parlerai pas. Le nom d'Océan ne se trouve jamais dans l'Ecriture; de-là je juge que cet Océan dont on parle tant est fort peu de chose.

Mais pour les montagnes je suis entiérement de l'avis de ceux qui pensent qu'elles se sont formées en peu de tems: Car vous trouverez au Pseaume 96 que les montagnes ont fondu comme de la cire. Vous trouvez aussi au Pseaume 113. qu'elles ont dansé comme des béliers. Or si étant fondues au Pseaume 96. elles ont dansé au Pseaume 113. il faut donc qu'elles se soient entiérement relevées. dans l'espace de 17 Pseaumes. Cela est démontré en rigueur.

Vous savez que la théorie des montagnes fait une grande partie de notre théologie, surtout quand elles sont plantées de vignes. Nous avons été fondé sur le Mont Carmel, mandez-moi s'il est vrai que vous l'ayiez été à Montmartre. Adieu, que les Colimaçons qui vous sont soumis & tous les insectes qui vous accompagnent, bénissent toujours votre révérence.

Réflexion de l'Editeur.

Quoi qu'il en soit de tout cela, il est indubitable que les Limaces incoques retrouvent des têtes en quinze jours ou trois semaines après qu'on les leur a coupées entiérement, que les Colimaçons à coque, les Escargots, commencent à reprendre une petite tête au bout du même tems, pourvu que l'on ait eu soin de couper cette tête entre les quatre antennes. Il n'y a point de petit garçon qui ne puisse faire cette expérience; mais y a-t-il quelque homme fait qui puisse l'expliquer? Hélas les philosophes & les théologiens raisonnent tous en petits garçons. Qui me dira comment une ame, un principe de sensations & d'idées réside entre quatre cornes, & comment l'ame restera dans l'animal quand les quatre cornes & la tête sont coupées? On ne peut gueres dire d'une

Limace : *Igneus eft illis vigor & cœleftis origo*; il ferait difficile de prouver que l'ame d'un Colimaçon qui n'eft qu'une glaire en vie foit un feu célefte. Enfin ce prodige d'une tête renaiffante inconnu depuis le commencement des chofes jufqu'à nous, eft plus inexplicable que la direction de l'aimant. Cet étonnant objet de notre curiofité confondue tient à la nature intime des chofes, aux premiers principes, qui ne font pas plus à notre portée que la nature des habitans de Sirius & de Canope. Pour peu qu'on creufe on trouve un abime infini. Il faut admirer & fe taire.

F I N.

CONSEILS
RAISONNABLES

A Monsieur Bergier, pour la défense du Christia-
nisme. Par une société de Bacheliers en
Théologie.

I.

NOus vous remercions, Monſieur, d'avoir eſ-
ſayé de juſtifier la Religion Chrétienne des repro-
ches que le ſavant Mr. Fréret lui fait dans ſon livre, & nous eſpérons que dans une nouvelle Edi-
tion vous donnerez à votre réponſe encor plus de
force & de vérité. Nous commençons par vous
ſupplier, pour l'honneur de la religion, de la
France & de la Maiſon Royale, de retrancher
ces cruelles paroles qui vous ſont échapées (5).

C'eſt une fauſſeté d'attribuer uniquement au fana-
tiſme l'aſſaſſinat de Henri IV. Il n'eſt plus dou-
teux que la vraie cauſe de ce parricide n'ait été la ja-
louſie furieuſe d'une femme, & l'ambition de quel-
ques gens de la cour.

Eſt-il poſſible, Monſieur, que pour défendre
le Chriſtianiſme, vous accuſiez une aïeule du roi
régnant du plus horrible des parricides, je ne dis
pas ſans la moindre preuve, je dis ſans la moindre
préſomption? Eſt-ce à un défenſeur de la religion
chrétienne à être l'écho de l'abbé Langlet, & à
oſer affirmer même ce que ce compilateur n'a fait
que ſoupçonner.

Un Théologien ne doit pas adopter des bruits
populaires. Quoi! Monſieur, une rumeur odieu-

(5) *Pag.* 102.

fe l'emportera fur les pieces authentiques du procès
de Ravaillac! Quoi! lorfque Ravaillac jure fur fa
damnation à fes deux confeffeurs, qu'il n'a point
de complices, lorfqu'il le répete dans la torture,
lorfqu'il le jure encore fur l'échafaut, vous lui
donnez pour complice une reine à qui l'hiftoire ne
reproche aucune action violente.

Eft-il poffible que vous vouliez infulter la maifon royale pour difculper le fanatifme! Mais n'eft-
ce pas ce même fanatifme qui arma le jeune Cha-
tel? N'avoua-t-il pas qu'il n'affaffina notre grand,
notre adorable Henri IV que pour être moins ri-
goureufement damné? Et cette idée ne lui avait-
elle pas été infpirée par le fanatifme des Jéfuites?
Jaques Clement qui fe confeffa & qui communia
pour fe préparer faintement à l'affaffinat du Roi
Henri III., Baltazar Gérard qui fe munit des mêmes facrements avant d'affaffiner le Prince d'O-
range, étaient-ils autre chofe que des fanatiques?
Nous vous montrerions cent exemples effroyables
de ce que peut l'entoufiafme religieux, fi vous
n'en étiez pas mieux inftruit que nous.

I I.

Ayez encor la bonté de ne plus faire l'apologie
du meurtre de Jean Hus & de Jérome de Prague.
(6) Oui, Monfieur, le Concile de Conftance les
affaffina avec des formes juridiques, malgré le
fauf-conduit de l'Empereur. Jamais le droit des
gens ne fut plus folemnellement violé. Jamais
on ne commit une action plus atroce avec plus de
cérémonies. Vous dites pour vos raifons; *la prin-
cipale caufe du fupplice de Jean Hus, fut les troubles
que fa doctrine avait excités en Bohême.*

(6) Page 106.

Non, Monfieur, ce ne fut point le trouble excité en Bohême qui porta le Concile à ce meurtre
horrible. Il n'eſt pas dit un mot *de ce trouble* dans
ſon libelle de proſcription appellé décret. Jean
Hus & Jérome de Prague ne furent juridiquement
aſſaſſinés, que parce qu'ils n'étaient pas jugés orto-
doxes, & qu'ils ne voulurent pas ſe rétraċter. Il
n'y avait encor aucun vrai trouble en Bohême.
Ce fut cet aſſaſſinat qui fut vengé par vingt ans
de troubles & de guerres civiles. S'il y avait
eu des troubles, c'était à l'Empereur & non au
Concile à en juger, à moins qu'étant prêtre vous
ne prétendiez que les prêtres doivent être les ſeuls
Magiſtrats, comme on l'a prétendu à Rome.

Ce qu'il y eut de plus étrange, c'eſt qu'il fut
arrêté ſur un ſimple ordre du Pape, de ce même
Pape Jean XXIII. chargé des crimes les plus
énormes, mis enſuite en priſon lui-même & dépoſé par le Concile. Cet homme convaincu d'aſſaſſinat, de ſimonie & de ſodomie ne fut que dépoſé ; & Jean & Jérome pour avoir dit qu'un
mauvais Pape n'eſt point Pape, que les Chrétiens
doivent communier avec du vin, & que l'Égliſe
ne doit pas être trop riche, furent condamnés
aux flammes.

Ne juſtifiez plus les crimes religieux: vous ca-
noniſeriez bientôt la St. Barthelémi & les maſſa-
cres d'Irlande ; ce ne ſont pas là des preuves de
la vérité du Chriſtianiſme.

III.

Vous dites (7): *il eſt faux que l'on doive à la
religion Catholique les horreurs de la St. Barthelémi.*

(7) *Page* 112.

Hélas ! Monſieur, eſt-ce à la religion des Chinois & des Brames qu'on en eſt redevable?

IV.

Vous citez l'aveu d'un de vos ennemis (8) qui
dit que les guerres de religion *ont leur cauſe à la
Cour.* Mais ne voyez-vous pas que cet auteur
s'exprime auſſi mal qu'il penſe? Ne ſavez-vous
pas que ſous François I., Henri II. & François
II. on avoit brulé plus de quatre cents citoyens,
& entre autres le Conſeiller du Parlement Anne
Dubourg, avant que le Prince de Condé prît ſe-
crétement le parti des réformés? Sentez combien
l'auteur que vous citez ſe trompe.

Je vous défie de me montrer aucune ſecte parmi nous, qui n'ait pas commencé par des Théologiens & par la populace, à commencer par les
querelles d'Athanaſe & d'Arius, juſqu'aux Con-
vulſionnaires. Quand les eſprits ſont échauffés,
quand le gouvernement en exerçant des rigueurs
imprudentes allume lui-même par la perſécution
le feu qu'il croit éteindre; quand les martyrs ont
fait de nouveaux proſélites, alors quelque homme puiſſant ſe met à la tête du parti, alors l'ambition crie de tous côtés, religion, religion, Dieu,
Dieu; alors on s'égorge au nom de Dieu. Voilà, Monſieur, l'hiſtoire de toutes les ſectes, excepté celle des primitifs appellés Quacres.

Nous oſons donc nous flatter que déſormais en
réfutant Mr. Fréret, vous aurez plus d'attention à
ne pas affaiblir notre cauſe par des allégations trop
indignes de vous.

(8) *Page* 116.

V.

Nous penfons qu'il faut convenir que la religion chrétienne eft la feule au monde dans laquelle on ait vu une fuite prefque continue pendant quatorze cents années, de difcordes, de perfécutions, de guerres civiles & d'affaffinats pour des arguments théologiques. Cette funefte vérité n'eft que trop connue; plût à Dieu qu'on pût en douter. Il eft donc, à notre avis, très néceffaire que vous preniez une autre route. Il faut que votre fcience & votre efprit fe confacrent à démêler par quelle voie une religion fi divine a pu feule avoir ce privilege infernal.

VI.

Nos adverfaires prétendent que la caufe de ces fléaux fi longs & fi fanglants eft dans ces paroles de l'Evangile, *Je fuis venu apporter le glaive & non la paix.*

Que celui qui n'écoute pas l'Eglife foit comme un Gentil ou comme un Chevalier Romain, un fermier de l'Empire, (car publicain fignifiait un Chevalier Romain Fermier des revenus de l'Etat.)

Ils difent enfuite que Jéfus étant venu donner une loi, n'a jamais rien écrit; que les Evangiles font obfcurs & contradictoires; que chaque fociété chrétienne les expliqua différemment; que la plupart des docteurs eccléfiaftiques furent des Grecs Platoniciens qui chargerent notre Religion de nouveaux myfteres dont il n'y a pas un feul mot dans les Evangiles.

Que ces Evangiles n'ont point dit que Jéfus fût confubftantiel à Dieu; que Jéfus fût defcendu aux enfers; qu'il eût deux natures & deux volontés;

que Marie fût Mere de Dieu; que les Laïques ne
duſſent pas faire la Pâque avec du vin ; qu'il y
eût un chef de l'Egliſe qui dût être Souverain de
Rome; qu'on dût acheter de lui des diſpenſes &
des indulgences ; qu'on dût adorer des cadavres
d'un culte de Dulie , & cent autres nouveautés
qui ont enſanglanté la terre pendant tant de ſiecles. Ce ſont là les funeſtes aſſertions de nos
ennemis, ce ſont là les preſtiges que vous deviez
détruire.

VII.

Il ſerait très digne de vous de diſtinguer ce qui
eſt néceſſaire & divin de ce qui eſt inutile & d'in-
vention humaine.

Vous ſavez que la premiere néceſſité eſt d'aimer Dieu & ſon prochain, comme tous les peuples éclairés l'ont reconnu de tous les tems. La
juſtice, la charité marchent avant tout. La Brin-
villiers, la Voiſin, la Tophana, cette célebre em-
poiſonneuſe de Naples, croyaient que Jéſu-Chriſt
avait deux natures & une perſonne, & que le St.
Eſprit procédait du Pere & du Fils, &c. Ravaillac, le Jéſuite le Tellier, & Damiens en é-
taient perſuadés. Il faut donc, à ce qu'il nous
ſemble, inſiſter beaucoup ſur ce premier , ſur ce
grand devoir d'aimer Dieu, de le craindre & d'è-
tre juſte. (9)

VIII.

A l'égard de la foi, comme les écrits de St.
Paul ſont les ſeuls dans lesquels le précepte de croire ſoit expoſé avec étendue, ne pouriez-vous pas
expliquer clairement ce que veut dire ce grand

(9) *Diliges Deum tuum, & proximam tuum ſicut te ipſum.*

Apôtre par ces paroles divines adreſſées aux Juifs de Rome, & non aux Romains (car les Juifs n'étaient pas Romains.)

La Circoncifion eſt utile fi vous obfervez la loi Judaïque; mais fi vous prévariquez contre cette loi, votre circoncifion devient prépuce. Si donc le prépuce garde les juſtices de la loi, ce prépuce ne fera-t-il pas réputé Circoncifion? Ce qui eſt prépuce de fa nature confommant la loi, te jugera toi qui prévariques contre la loi, par la lettre & la Circoncifion: & enfuite, *Détruifons-nous donc la loi?* (c'eſt toujours la loi Judaïfe) *à Dieu ne plaife; mais nous établiſſons la foi.* — *Si Abraham a été juſtifié par fes œuvres, il y a de quoi fe glorifier, mais non devant Dieu.*

Il y a cent autres endroits pareils qui mis par vous dans un grand jour, pourraient éclairer nos incrédules dont le nombre prodigieux augmente fi fenfiblement.

I X.

Après ces préliminaires, venons à préfent, Monfieur, à votre difpute avec feu Monfieur Fréret fur la maniere dont il faut s'y prendre pour réfuter nos ennemis.

Nous aurions fouhaité que vous euffiez donné moins de prife contre nos apologies en regardant comme des auteurs irréfragables Tertullien & Eufebe. Vous favez bien que le révérend Pere Mallebranche traite Tertullien de fou, & qu'Eufebe était un Arien qui compilait tous les contes d'Egefipe. Ne montrons jamais nos côtés faibles quand nous en avons de fi forts.

X.

Nous sommes fâchés que vous avanciez (10) *que les auteurs des Evangiles n'ont point voulu inspirer d'admiration pour leur maître.* Il eſt évident qu'on veut inſpirer de l'admiration pour celui dont on dit qu'il s'eſt transfiguré ſur le Tabor, & que ſes habits ſont devenus tout blancs pendant la nuit, qu'Elie & Moyſe ſont venus converſer avec lui, qu'il a confondu les Doéteurs dès ſon enfance; qu'il a fait des miracles, qu'il a reſſuſcité des morts, qu'il eſt reſſuſcité lui-même. Vous avez peut-être voulu dire que le ſtile des Evangiles eſt très ſimple, qu'il n'a rien d'admirable; nous en convenons; mais il faut convenir auſſi qu'ils tendent dans leur ſimplicité à rendre admirable Jéſus-Chriſt comme ils le doivent.

Il n'y a en cela nulle différence entre ce qui nous reſte des cinquante Evangiles rejettés, & les quatre Evangiles admis. Tous parlent avec cette même ſimplicité que nos adverſaires appellent groſſiéreté. Exceptons-en le premier chapitre de St. Jean que les Alogiens & d'autres ont cru n'être pas de lui. Il eſt tout-à-fait dans le ſtile Platonicien, & nos adverſaires ont toujours ſoupçonné qu'un Grec Platonicien en était l'auteur.

X I.

Vous prétendez, Monſieur, (11) que feu Mr. Fréret confond deux choſes très différentes, la vérité des Evangiles & leur authenticité. Comment n'avez-vous pas pris garde qu'il faut abſolument que ces écrits ſoient authentiques pour être reconnus

(10) *Page* 23.　　　(11) *Page* 16.

vrais? Il n'en eſt pas d'un livre divin qui doit contenir notre loi comme d'un ouvrage prophane. Celui-ci peut être vrai ſans avoir des témoignages publics & irréfragables qui dépoſent en ſa faveur. L'hiſtoire de Philippe de Comines peut contenir quelques vérités ſans le ſceau de l'approbation des contemporains. Mais les actions d'un Dieu, les paroles d'un Dieu doivent être conſtatées par le témoignage le plus authentique. Tout homme peut dire, Dieu m'a parlé, Dieu a fait tels & tels prodiges; mais on ne doit le croire qu'après avoir entendu ſoi-même cette voix de Dieu, après avoir vu ſoi-même ces prodiges; & ſi on ne les a ni vus ni entendus, il faut des enquêtes qui nous tiennent lieu de nos yeux & de nos oreilles.

Plus ce qu'on nous annonce eſt ſurnaturel & divin, plus il nous faut de preuves. Je ne croirai point la foule des hiſtoriens qui ont dit que Veſpaſien guérit un aveugle & un paralitique, s'ils ne m'apportent des preuves authentiques & indubitables de ces deux miracles.

Je ne croirai point ceux d'Apollonius de Thiane s'ils ne ſont conſtatés par la ſignature de tous ceux qui les ont vus. Ce n'eſt pas aſſez, il faut que ces témoins aient tous été irréprochables, incapables d'être trompeurs & d'être trompés; & encor après toutes ces conditions eſſentielles, tous les gens ſenſés douteront de la vérité de ces faits : ils en douteront parce que ces faits ne ſont point dans l'ordre de la nature.

C'eſt donc à vous, Monſieur, de nous prouver que les Evangiles ont toute l'authenticité que nous exigeons ſur les miracles de Veſpaſien & d'Apollonius de Thiane. Le nom d'Evangile n'a été connu d'aucun auteur Romain. Ces livres étaient

même en très-peu de mains parmi les chrétiens.
C'était entre eux un myſtere ſacré-qui n'était même
jamais communiqué aux catécumenes pendant les
trois premiers ſiecles. Les Evangiles ſont vrais,
mais on vous ſoutiendra qu'ils n'étaient pas authentiques. Les miracles de l'Abbé Paris ont eu mille
fois plus d'authenticité; ils ont été recueillis par un
Magiſtrat, ſignés d'un nombre prodigieux de témoins oculaires, préſentés publiquement au Roi
par ce Magiſtrat même. Jamais il n'y eut rien de
plus authentique; & cependant jamais rien de plus
faux, de plus ridicule, & de plus univerſellement
mépriſé.

Voyez, Monſieur, à quoi vous nous expoſez
par vos raiſonnemens qu'on peut ſi aiſément faire
valoir contre nos ſaintes vérités.

X I I.

Jéſus, dites-vous, (12), *nous a aſſurés lui-même
de ſa propre bouche, qu'il était né d'une Vierge par
l'opération du St. Eſprit.* Hélas! Monſieur, où
avez-vous pris cette étrange anecdote? Jamais
Jéſus n'a dit cela dans aucun de nos quatre Evangiles; jamais il n'a même rien dit qui en approche. Eſt-il poſſible que vous ayiez préparé un tel
triomphe à nos ennemis? Eſt-il permis de citer
à faux Jéſus-Chriſt? avez-vous pu lui attribuer
de votre propre main ce que ſa propre bouche
n'a point prononcé? avez-vous pu imaginer qu'on
ſerait aſſez ignorant pour vous en croire ſur votre
propre mépriſe? & cela ſeul ne répand-il pas une
dangereuſe faibleſſe ſur votre propre livre?

(12) *Page* 23.

XIII.

Nous vous faisons, Monsieur, des représentations sans suite, comme vous écrivez. Mais elles tendent toutes au même but. Vous dites que c'est une témérité condamnable dans Mr. Fréret, d'avoir soutenu que le symbole des Apôtres n'avait point été fait par les Apôtres. Rien n'est cependant plus vrai que cette assertion du savant Fréret. Ce symbole qui est sans-doute un résumé de la croyance des Apôtres fut rédigé en articles distincts vers la fin du quatrieme siecle. En effet, si les Apôtres avaient composé cette formule pour servir de regle aux fideles, les actes des Apôtres auraient-ils passé sous silence un fait si important ? Avouons que le faussaire qui attribue à St. Augustin l'histoire du symbole des Apôtres dans son sermon 40. est bien répréhensible. Il fait parler ainsi St. Augustin : Pierre dit, *Je crois en Dieu pere tout puissant* ; André dit, *& en Jésus-Christ son fils* ; Jaques ajouta, *qu'il a été conçu du St. Esprit* &c. Dans le Sermon 115. tout cet ordre est renversé. Malheureusement le premier auteur de ce conte est St. Ambroise dans son 38. Sermon. Tout ce que nous pouvons faire c'est d'avouer que St. Ambroise & St. Augustin étant hommes & sujets à l'erreur, se font trompés sur la foi d'une tradition populaire.

XIV.

Hélas ! que les premiers Chrétiens n'ont-ils pas supposé ? le Testament des douze patriarches, les Constitutions Apostoliques, des vers des Sibilles en Acrostiches, des lettres de Pilate, des lettres de Paul à Séneque, des lettres de Jésus-Christ à un Prince d'Edesse &c. &c. Ne le dissimulons

point ; à peine avaient - ils dans le fecond fiecle un
feul livre qui ne fût fuppofé. Tout ce qu'on a répondu avant vous, c'eft que ce font des fraudes
pieufes ; mais que direz - vous quand on vous fou-
tiendra que toute fraude eft impie, & que c'eft un
crime de foutenir la vérité par le menfonge ?

X V.

Que vous importe que le livre du Pafteur foit
d'Hermas ? Quel que foit fon auteur, le livre en
eft - il moins ridicule ? Relifez en feulement les
premieres lignes, & vous verrez s'il y a rien de
plus plattement fou. *Celui qui m'avait nourri vendit un jour une certaine fille à Rome. Or après
plufieurs années je la vis & je la reconnus ; & je
commençai à l'aimer comme ma fœur ; quelque temps
après je la vis fe baigner dans le Tibre, je lui ten-
dis la main, je la fis fortir de l'eau, & l'ayant re-
gardée, je difais dans mon cœur, que je ferais heureux fi j'avais une telle femme, fi belle & fi bien ap-
prife !*

Ne trouvez - vous pas, Monfieur, qu'il eft bien
effentiel au Chriftianifme que ces bêtifes aient été
écrites par un Hermas ou par un autre ?

X V I.

Ceffez de vouloir juftifier la fraude de ceux qui
inférerent dans l'Hiftoire de Flavien Jofephe, ce
fameux paffage touchant Jéfus - Chrift, paffage reconnu pour faux par tous les vrais favants. Quand
il n'y aurait dans ce paffage fi mal - adroit que ces
feuls mots, *il était le Chrift*, ne feraient - ils pas
fuffifants pour conftater la fraude aux yeux de
tout homme de bon fens ? N'eft - il pas abfurde
que Jofephe, fi attaché à fa nation & à fa Religion,

gion, ait reconnu Jésus pour *Chrift*? Eh mon ami,
fi tu le crois *Chrift*, fais toi donc Chrétien: fi tu
le crois Chrift, fils de Dieu, Dieu lui-même,
comment n'en dis-tu que quatre mots?

Prenez garde, Monfieur, quand on combat dans
le fiecle où nous fommes en faveur des fraudes
pieufes des premiers fiecles, il n'y a point d'homme de bon fens qui ne vous faffe perdre votre
caufe. Confeffons, encore une fois, que toutes
ces fraudes font très criminelles; mais ajoutons
qu'elles ne font tort à la vérité que par l'embarras
extrême & par la difficulté qu'on éprouve tous les
jours en voulant diftinguer le vrai du faux.

X V I I.

Laiffez-là, croyez moi, le voyage de St. Pierre
à Rome, & fon pontificat de vingt-cinq ans. S'il
était allé à Rome, les Actes des Apôtres en auraient dit quelque chofe; St Paul n'aurait pas
dit expreffément, mon Evangile eft pour le prépuce, & celui de Pierre pour les Circoncis. (13) Un
voyage à Rome eft bien mal prouvé, quand on
eft forcé de dire qu'une Lettre écrite de Babilone
a été écrite de Rome. Pourquoi St. Pierre feul de
tous les Difciples de Jéfus aurait-il diffimulé le lieu
d'où il écrivait? cette fauffe date eft-elle encor
une fraude pieufe? quand vous datez vos Lettres
de Bezançon, celà veut-il dire que vous êtes à
Quimpercorentin?

Il y a très-grande apparence que fi on avait été
bien perfuadé dans les premiers fiecles du féjour de
St. Pierre à Rome, la premiere églife qu'on y a
bâtie n'aurait pas été dédiée à St. Jean. Les premiers qui ont parlé de ce voyage méritent-ils d'ail-

(13) *Epit. aux Galates ch.* 2.

C

leurs tant de croyance? Ces premiers auteurs font
Marcel, Abdias, & Egéfipe. Franchement, ce
qu'ils rapportent du défi fait par Simon le prétendu magicien à Simon Pierre le prétendu voyageur,
l'hiftoire de leurs chiens, & de leur querelle en
préfence de l'Empereur Néron. ne donnent pas
une idée bien avantageufe des écrivains de ce tems
là. Ne fouillons plus dans ces mazures: leurs dé-
combres nous feroient trop fouvent tomber.

XVIII.

Nous avons peur que vous n'ayez raifonné d'une
manière dangereufe en vous prevalant du témoignage de l'Empereur Julien. Songez que nous
n'avons point tout l'ouvrage de Julien; nous n'en
avons que des fragments rapportés par St. Cirille
fon adverfaire, qui ne lui répondit qu'après fa
mort, ce qui n'eft pas généreux. Penfez-vous
en effet que Cirille ne lui aura pas fait dire tout ce
qui pouvait être le plus aifément réfuté! & penfez-vous que Cirille l'ait en effet combattu avec
avantage? pefez bien les paroles qu'il rapporte de
cet Empereur: les voici. *Jéfus n'a fait pendant fa
vie aucune action remarquable à moins qu'on ne regarde comme une grande merveille de guérir des boiteux & des aveugles, & d'exorcifer des démons dans
les villages de Bethzaïde & de Béthanie.*

Le fens de ces paroles n'eft-il pas évidemment,
,, Jéfus n'a rien fait de grand; vous prétendez qu'il
,, a paffé pour guérir des aveugles & des boiteux,
,, & pour chaffer des démons; mais tous nos de-
,, mi-dieux ont eu la réputation de faire de bien
,, plus grandes chofes. Il n'eft aucun peuple qui
,, n'ait fes prodiges, il n'eft aucun temple qui
,, n'attefte des guérifons miraculeufes. Vous n'a-

,, vez en cela aucun avantage fur nous, au-con-
,, traire, notre religion a cent fois plus de prodi-
,, ges que la vôtre. Si vous avez fait de Jéfus un
,, Dieu, nous avons fait avant vous cent dieux de
,, cent héros; nous poffédons plus de dix mille at-
,, teftations de guérifons opérées au temple d Ef-
,, culape & dans les autres temples. Nous en-
,, chantions les ferpents, nous chaffions les mau-
,, vais génies avant que vous exiftaffiez. Pour
,, nous prouver que votre Dieu l'emporte fur les
,, nôtres & eft le Dieu véritable, il faudrait qu'il
,, fe fût fait connoître par toutes les nations;
,, rien ne lui était plus aifé; il n'avait qu'un mot
,, à dire; il ne devait pas fe cacher fous la forme
,, d'un charpentier de village. Le Dieu de l'uni-
,, vers ne devait pas être un miférable Juif con-
,, damné au fupplice des efclaves. Enfin, de quoi
,, vous avifez-vous, charlatans & fanatiques nou-
,, veaux, de vous préférer infolemment aux an-
,, ciens charlatans & aux anciens fanatiques?"

Voilà nettement le fens des paroles de Julien.
Voilà furement fon opinion, voilà fon argument
dans toute fa force: il nous fait frémir, nous ne le
rapportons qu'avec horreur; mais perfonne n'y a
jamais répondu, vous ne deviez pas expofer la religion chrétienne à de fi terribles rétorfions.

XIX.

Vous avouez qu'il y a eu fouvent de la fraude
& des illufions dans les poffeffions & dans les exorcifmes. Et après cet aveu vous voulez prouver
que Jéfus envoya le diable du corps de deux poffédés dans le corps de deux mille cochons qui allerent fe noyer dans le lac de Génézareth; ainfi un
diable fe trouva dans deux mille corps à la fois,

ou fi vous voulez deux diables dans mille corps, ou bien Dieu envoya deux mille diables.

Pour peu que vous eufliez eu de prudence, vous n'auriez pas parlé d'un tel miracle; vous n'auriez pas excité les rifées de tous les gens de bon fens, vous auriez dit avec le grand Origene que ce font des tipes, des paraboles. Vous vous feriez fouvenu qu'il n'y eut jamais de cochons chez les Juifs ni chez les Arabes leurs voifins. Vous auriez fait réflexion que fi contre toute vraifemblance quelque marchand eût conduit deux mille cochons dans ces contrées, Jéfus aurait commis une très-méchante action de noyer ces deux mille porcs; qu'un tel troupeau eft une richeffe très-confidérable. Le prix de deux mille porcs a toujours furpaffé celui de dix mille moutons. Noyer ces bêtes ou les empoifonner c'eft la même chofe. Que feriez-vous d'un homme qui aurait empoifonné dix mille moutons?

Des témoins oculaires, dites-vous, rapportent cette hiftoire. Ignorez-vous ce que répondent les incrédules? ils ne regardent comme vrais témoins oculaires que des citoyens domiciliés dignes de foi, qui interrogés publiquement par le Magiftrat fur un fait extraordinaire, dépofent unanimement qu'ils l'ont vu, qu'ils l'ont examiné. Des témoins qui ne fe contredifent jamais. Des témoins dont la dépofition eft confervée dans les archives publiques revêtue de toutes les formes. Sans ces conditions ils ne peuvent croire un fait ridicule en lui-même, & impoffible dans les circonftances dont on l'accompagne. Ils rejettent avec indignation & avec dédain des témoins dont les livres n'ont été connus dans le monde que plus de cent années après l'événement; des livres dont aucun auteur contemporain n'a jamais parlé ; des livres qui se contredifent les uns les autres à chaque page; des livres qui attribuent à Jéfus deux généalogies abfolument différentes, & qui ne font que la généalogie de Jofeph qui n'eft point fon père: des livres pour lefquels, difent-ils, vous auriez le plus profond mépris, & que vous ne daigneriez pas réfuter s'ils étaient écrits par des hommes d'une autre religion que la vôtre. Ils crient que vous penfez comme eux dans le fond de votre cœur, & que vous avez la lâcheté de foutenir ce qu'il vous eft impoffible de croire. Pardonnez nous de vous rapporter leurs funeftes difcours. Nous n'en ufons ainfi que pour vous convaincre qu'il fallait employer pour foutenir la religion chrêtienne une méthode toute différente de celle dont on s'eft fervi jufqu'à préfent. Il eft évident qu'elle eft très mauvaife; puis qu'à mefure qu'on fait un nouveau livre dans ce goût, le nombre des incrédules augmente. L'ouvrage de l'Abbé Houtteville qui ne chercha qu'à étaler de l'efprit & des mots nouveaux, a produit une foule de contradicteurs, & nous craignons que le vôtre n'en faffe naître davantage.

X X.

Dieu nous préferve de penfer que vous facrifiez la vérité à un vil intérêt, que vous êtes du nombre de ces malheureux mercenaires qui combattent par des arguments pour affurer & pour faire refpecter les immenfes fortunes de leurs maîtres, qui s'exténuent dans la trifte récherche de tous les fatras théologiques, afin que de voluptueux ignorants comblés d'or & d'honneurs laiffent tomber pour eux quelques miettes de leurs tables. Nous

fommes très loin de vous prêter des vues fi baf-
fes & fi odieufes.   Nous vous regardons comme
un homme abufé par la fimplicité de fa candeur.

Vous alléguez pour prouver la réalité des pos-
feffions, que St. Paulin vit un pofledé qui fe te-
nait les pieds en haut à la voute d'une Églife, &
qui marchait la tête en bas fur cette voute comme
un antipode, fans que fa robe fe retrouffât; vous
ajoutez que St. Paulin furpris d'une marche fi extraordinaire, crut mon homme pofledé du diable,
& envoya vite chercher des reliques de St. Félix
de Nole qui le guérirent fur le champ.   Cette cure
confiftait apparemment à le faire tomber de la
voute la tête la premiere.   Eft-il poffible, Monfieur, que dans un fiecle tel que le nôtre, vous
ofiez rapporter de telles niaiferies qui auraient été
fiflées au quinzieme fiecle.

Vous ajoutez que Sulpice Sévere attefte qu'un
homme à qui on avait donné des reliques de St.
Martin, s'éleva tout d'un coup en l'air les bras
étendus & y refta longtems.   Voilà fans-doute
un beau miracle, bien utile au genre humain, bien
édifiant ; comptez-vous cela, Monfieur, parmi
les preuves du Chriftianifme?

Nous vous confeillons de laiffer ces hiftoires
avec celle de St. Paul l'hermite à qui un corbeau
apporta tous les jours pendant quarante ans la moitié d'un pain, & à qui il apporta un pain entier
quand St. Antoine vint dîner avec lui; avec l'Hiftoire de St. Pacôme qui faifait fes vifites monté fur
un crocodile; avec celle d'un autre St. Paul hermite qui trouvant un jour un jeune homme couché avec fa femme, lui-dit, couchez avec ma
femme tant que vous voudrez, & avec mes enfans auffi; après quoi il alla dans le défert.

XXI.

Enfin, Monfieur, vous regrettez que les pos-
feffions du diable, les fortileges & la magie *ne*
foient plus de mode (ce font vos expreffions), nous
joignons nos regrets aux vôtres. Nous convenons
en effet que l'ancien Teftament eft fondé en partie fur la magie, témoin les miracles des forciers
de Pharaon, la Pithoniffe d'Endor, les enchante-
ments des ferpents &c. Nous favons auffi que Jéfus donna miffion à fes difciples de chaffer les diables; mais croyez-nous, ce font là de ces chofes
dont il eft convenable de ne jamais parler. Les
Papes ont très fagement défendu la lecture de la
Bible; elle eft trop dangereufe pour ceux qui n'é-
coutent que leur raifon. Elle ne l'eft pas pour
vous qui étes théologien, & qui favez immoler la
raifon à la théologie; mais quel trouble ne jette-
t-elle pas dans un nombre prodigieux d'ames éclai-
rées & timorées? Nous fommes témoins que votre
livre leur infpire mille doutes. Si tous les Laïques
avaient le bonheur d'être ignorans, ils ne doute-
raient pas. Ah! Monfieur, que le fens commun
eft fatal!

XXII.

Vous auriez pu vous paffer de dire que les Apôtres & les Difciples ne s'adrefferent pas feulemen
à la plus vile populace, mais qu'ils perfuaderent
auffi quelques grands Seigneurs. Premierement ce
fait eft évidemment faux. En fecond lieu, cela
marque un peu trop d'envie de plaire aux grands
Seigneurs de l'Eglife d'aujourd'hui; & vous favez
trop bien que du tems des Apôtres il n'y avait ni
Evéque intitulé Monfeigneur, & doté de cent mil-

le écus de rente; ni d'Abbé croſſé mitré , ni ſer-
viteur des ſerviteurs de Dieu maître de Rome &
de la cinquieme partie de l'Italie.

X X I I I.

Vous parlez toujours de martirs. Eh! Monſieur,
ne ſentez-vous pas combien cette miſérable preuve s'éleve contre nous.   Inſenſés & cruels que
nous ſommes, quels barbares ont jamais fait plus
de martirs que nos barbares ancêtres! Ah! Monſieur, vous n'avez donc pas voyagé! vous n'avez
pas vu à Conſtance la place où Jérome de Prague
dit à un des bourreaux du concile qui voulait allumer ſon bucher par derriere, *allume par devant, ſi
j'avais craint les flammes je ne ſerais pas venu ici.*

ˈAvez-vous jamais paſſé dans Paris par la Grêve
où le Conſeiller clerc Anne Dubourg neveu du
Chancelier, chanta des cantiques avant ſon ſupplice? Savez-vous qu'il fut exhorté à cette héroïque
conſtance par une jeune femme de qualité nommée
Madame De La Caille qui fut brulée quelques jours
après lui? Elle était chargée de fers dans un cachot voiſin du ſien, & ne recevait le jour que par
une petite grille pratiquée en haut dans le mur qui
ſéparait ces deux cachots.   Cette femme entendait
le conſeiller qui diſputait ſa vie contre ſes juges
par les formes des loix. *Laiſſez-là*, lui cria-t-elle,
*ces indignes formes, craignez-vous de mourir pour
votre Dieu?*

Voilà ce qu'un indigne hiſtorien tel que le Jéſuite Daniel n'a garde de rapporter, & ce que
d'Aubigné & les contemporains nous certifient.

Faut-il vous montrer ici la foule de ceux qui
furent exécutés à Lyon dans la place des Terraux
depuis 1546 ? Faut-il vous faire voir Mademoi-

felle De Cagnon fuivant dans une charette cinq autres charettes chargées d'infortunés condamnés aux flammes parce qu'ils avaient le malheur de ne pas croire qu'un homme pût changer du pain en Dieu. Cette Fille malheureufement perfuadée que la religion réformée eft la véritable, avait toujours répandu des largeffes parmi les pauvres de Lyon. Ils entouraient en pleurant la charette où elle était traînée chargée de fers. *Hélas !* lui-criaient-ils, *nous ne recevrons plus d'aumône de vous. Eh bien*, dit-elle, *vous en recevrez encor*, & elle leur jetta fes mules de velours que fes bourreaux lui avaient laiffées.

Avez-vous vu la place de l'eftrapade à Paris? elle fut couverte fous François I. de corps réduits en cendre. Savez-vous comme on les faifoit mourir? on les fufpendait à de longues bafcules qu'on élevait & qu'on baiffait tour-à-tour fur un vafte bucher, afin de leur faire fentir plus longtems toutes les horreurs de la mort la plus douloureufe. On ne jettait ces corps fur les charbons ardents que lorfqu'ils étaient prefque entiérement rotis, & que leurs membres retirés, leur peau fanglante & confumée, leurs yeux brulés, leur vifage défiguré ne leur laiffaient plus l'apparence de la figure humaine.

Le Jéfuite Daniel fuppofe fur la foi d'un infâme écrivain de ce tems-là, que François I. dit publiquement qu'il traiterait ainfi le Dauphin fon fils s'il donnait dans les opinions des réformés. Perfonne ne croira qu'un Roi qui ne paffait pas pour un Néron ait jamais prononcé de fi abominables paroles. Mais la vérité eft que tandis qu'on faifait à Paris ces facrifices de fauvages qui furpaffent tout ce que l'inquifition a jamais fait de plus horrible,

François I. plaifantait avec fes courtifans, & couchait avec fa maîtreffe. Ce ne font pas là, Monfieur, des hiftoires de Ste. Potamienne, de Ste. Urfule & des onze mille vierges ; c'eft un récit fidele de ce que l'hiftoire a de moins incertain.

Le nombre des martirs réformés foit Vaudois, foit Albigeois, foit Evangéliques eft innombrable. Un de vos ancêtres, du moins un homme de votre nom, Pierre Bergier, fut brulé à Lyon en 1552. avec René Poyet parent du chancelier Poyet. On jetta dans le même bucher Jean Chambon, Louis Dimonet, Louis De Marfac, Etienne De Gravot, & cinq jeunes écoliers. Je vous ferais trembler fi je vous faifais voir la lifte des martirs que les proteftants ont confervée.

Pierre Bergier chantait un pfeaume de Marot en allant au fupplice. Dites nous en bonne foi fi vous chanteriez un pfeaume latin en pareil cas? Dites nous fi le fupplice de la potence, de la roue ou du feu eft une preuve de la religion? C'eft une preuve fans-doute de la barbarie humaine. C'eft une preuve que d'un côté il y a des bourreaux, & de l'autre des perfuadés.

Non, fi vous voulez rendre la religion chrêtienne aimable, ne parlez jamais de martirs. Nous en avons fait cent fois, mille fois plus que tous les Payens. Nous ne voulons point répéter ici ce qu'on a tant dit des maffacres des Albigeois, des habitans de Mérindol, de la St. Barthelemi, de foixante ou quatre-vingt mille Irlandais proteftants égorgés, affommés, pendus, brulés par les Catholiques; de ces millions d'Indiens tués comme des lapins dans des garennes aux ordres de quelques moines. Nous frémiffons, nous gémiffons; mais il faut le dire; parler de martirs à des chrétiens, c'eft parler de gibets & de roue à des bourreaux & à des records.

XXIV.

Que pourrions · nous vous repréfenter encor, Monfieur, après ce tableau auffi vrai qu'épouvantable que vous nous avez forcés de vous tracer de nos mains tremblantes? Oui, à la honte de la nature, il y a encor des fanatiques affez barbares des hommes affez dignes de l'enfer, pour dire qu'il faut faire périr dans les fupplices tous ceux qui ne croient pas à la religion chrétienne que vous avez fi mal défendue. C'eft ainfi que penfent encor les inqufiteurs, tandis que les Rois & leurs Miniftres devenus plus humains émouffent dans toute l'Europe le fer dont ces monftres font armés. Un Evêque en Efpagne a proféré ces paroles devant des témoins refpectables de qui nous les tenons, *Le Miniftre d'état qui a figné l'expulfion des Jéfuites mérite la mort.* Nous avons vu des gens qui ont toujours à la bouche ces mots cruels contrainte & châtiment, & qui difent hautement que le chriftianifme ne peut fe conferver que par la terreur & par le fang.

Je ne veux pas vous citer ici un autre Evêque de la plus baffe naiffance, qui féduit par un fanatique s'eft expliqué avec plus de fureur qu'on n'en a jamais reproché aux Dioclétiens & aux Décius.

La terre entiere s'eft élevée contre les Jéfuites, parce qu'il étaient perfécuteurs; mais qu'il fe trouve quelque Prince affez peu éclairé, affez mal confeillé, affez faible pour donner fa confiance à un Capucin, à un Cordelier, vous verrez les Cordeliers & les Capucins auffi infolents, auffi intriguants, auffi perfécuteurs, auffi ennemis de la puiffance civile que les Jéfuites l'ont été. Il faut que la Magiftrature foit par·tout occupée fans cefffe à réprimer les attentats des moines. Il y a maintenant dans Paris un Cordelier qui prêche avec la même imprudence & la même fureur que le Cordelier Feu - Ardent prêchait du tems de la ligue.

Quel homme a jamais été plus perfécuteur chez ces mêmes Cordeliers que leur prédicateur Poiffon ? Il exerça fur eux un pouvoir fi tyrannique que le miniftere fut obligé de le faire dépofer de fa place de provincial & de l'exiler. Que n'eut-il point fait contre les laïques ? Mais cet ardent perfécuteur était-il un homme perfuadé, un fanatique de religion ? Non, c'était le plus hardi débauché qui fût dans tout l'ordre. Il ruina le grand couvent de Paris en filles de joie. Le procès de la femme Du Moutier qui redemanda quatre mille francs après la mort de ce moine exifte encor au greffe de la Tournelle criminelle. Percez la muraille du parvis avec Ezéchiel (14), vous verrez des ferpents, des monftres & l'abomination de la maifon d'Ifraël.

XXV.

Si vous avez malheureufement invité nos ennemis à s'irriter de tant de fcandales, de tant de cruautés, d'une foif fi intariffable de l'argent, des honneurs & du pouvoir de cette lutte éternelle de l'Eglife contre l'état, de ces procès interminables dont les tribunaux rétentiffent ; ne leur aprêtez point à rire en difcutant des hiftoires qu'on ne doit jamais approfondir. Qu'importe hélas ! à notre falut que le Démon Afmodée ait tordu le cou à fept maris de Sara, & qu'il foit aujourd'hui enchaîné chez les Turcs dans la haute Egypte ou dans la baffe ?

Vous auriez pu vous abftenir de louer l'action de Judith qui affaffina Holoferne en couchant avec

(14) *Ezech. ch.* 8, *vi.* 7.

lui. Vous dites pour la justifier (15), *que chez les anciens peuples comme chez les sauvages, le droit de la guerre était féroce & inhumain.* Vous demandez, *en quoi l'action de Judith est différente de celle de Mutius Scevola?* voici la différence, Monsieur; Scevola n'a point couché avec Tarquin, & Tite Live n'est point mis par le Concile de Trente au rang des livres Canoniques.

Pourquoi vouloir examiner l'édit d'Assuerus qui fit publier que dans dix mois on massacrerait tous les Juifs, parce qu'un d'eux n'avait pas salué Aman! Si ce Roi a été insensé, s'il n'a pas prévu que les Juifs auraient pendant dix mois le tems de s'enfuir, quel rapport cela peut-il avoir à nos devoirs, à la piété, à la charité?

On vous arrêterait à chaque page, à chaque ligne: il n'y en a presque point qui ne prépare un funeste triomphe à nos ennemis.

Enfin, Monsieur, nous sommes persuadés que dans le siecle où nous vivons la plus forte preuve qu'on puisse donner de la vérité de notre religion est l'exemple de la vertu. La charité vaut mieux que la dispute. Une bonne action est préférable à l'intelligence du dogme. Il n'y a pas huit cents ans que nous savons que le Saint Esprit procede du pere & du fils. Mais tout le monde sait, depuis quatre mille ans, qu'il faut être juste & bienfaisant. Nous en appellons de votre livre à vos mœurs mêmes; & nous vous conjurons de ne point deshonorer des mœurs si honnêtes par des argumens si faibles & si misérables. &c.

Signé, Chambon, Dumoulin, Desjardins & Verzenot.

(15) *Page* 154. *seconde partie.*

DISCOURS

aux *Confédérés Catholiques de Kaminick en Pologne*, par le Major *Kaiserling au service du Roi de Prusse.* 1768.

Braves Polonais, vous qui n'avez jamais plié fous le joug des Romains conquérants, voudriez-vous être aujourd'hui les efclaves & les fatellites de Rome théologienne?

Vous n'avez jufqu'ici pris les armes que pour votre liberté commune; faudra-t-il que vous combattiez pour rendre vos Concitoyens efclaves? Vous déteftez l'oppreffion; vous ne voudrez pas fans doute opprimer vos freres.

Vous n'avez eu depuis longtems que deux véritables ennemis, les Turcs & la Cour de Rome. Les Turcs voulaient vous enlever vos frontieres, & vous les avez toujours repouffés; mais la Cour de Rome vous enleve réellement le peu d'argent que vous tiriez de vos terres. Il faut payer à cette Cour les Annates des Bénéfices, les difpenfes, les indulgences. Vous avouez que fi elle vous promet le Paradis dans l'autre monde, elle vous dépouille dans celui-ci. *Paradis* fignifie Jardin. Jamais on n'acheta fi cher un Jardin dont on ne jouit pas encore. Les autres communions vous en promettant autant; mais du moins elles ne vous le font point payer. Par quelle fatalité voudriez-vous fervir ceux qui vous rançonnent, & exterminer ceux qui vous donnent le Jardin gratis? La raifon fans doute vous éclairera, & l'humanité vous touchera.

Vous êtes placés entre les Turcs, les Ruffes, les Suédois, les Danois & les Pruffiens. Les Turcs croient en un feul Dieu, & ne le mangent

point ; les Grecs le mangent fans avoir encor dé-
cidé fi c'eft à la maniere de la communion Romaine : & d'ailleurs en admettant trois perfonnes
divines , ils ne croient point que la derniere procede des deux autres. Les Suédois, les Danois,
les Pruffiens mangent Dieu à la vérité, mais d'u-
ne façon un peu différente des Grecs : Ils croient
manger du pain, & boire un coup de vin en man-
geant Dieu.

Vous avez auffi fur vos frontieres plufieurs Eglifes de Pruffe où l'on ne mange point Dieu ; mais
où l'on fait feulement un léger repas de pain & de
vin en mémoire de lui ; & aucune de ces religions
ne fait précifément comment la troifieme perfonne
procede. Vous êtes trop juftes pour ne pas fentir
dans le fond de votre cœur qu'après tout il n'y a
là aucune caufe légitime de répandre le fang des
hommes. Chacun tâche d'aller au Jardin par le
chemin qu'il a choifi ; mais en vérité il ne faut
pas les égorger fur la route.

D'ailleurs vous favez que ce ne fut que dans les
pays chauds qu'on promit aux hommes un *Paradis*, un *Jardin* ; & que fi la religion Juive avait
été inftituée en Pologne , on vous aurait promis
de bons poëles. Mais foit qu'on doive fe prome-
ner après fa mort, ou refter auprès d'un fourneau,
je vous conjure de vivre paifibles dans le peu de
tems que vous avez à jouir de la vie.

Rome eft bien éloignée de vous ; & elle eft riche ; vous êtes pauvres ; envoyez lui encor le peu
d'argent que vous avez en lettres de change tirées
par les Juifs. Dépouillez vous pour l'Eglife Romaine ; vendez vos fourures pour faire des préfents
à notre Dame de Lorette à plus de quinze cents
milles de Kaminiek. Mais n'inondez pas les envi-

ròns de Kaminiek du fang de vos Compatriotes.
Car nous pouvons vous affurer que Notre - Dame
qui vint autrefois de Jérufalem à la marche d'An-
cône par les airs, ne vous faura jamais aucun
gré d'avoir défolé votre Patrie.

Soyez encor très perfuadés que fon Fils n'a jamais commandé du Mont des Olives, & du Tor-
rent de Cédron, qu'on fe maffacrât pour lui fur
les bords de la Viftule.

Votre Roi que vous avez choifi d'une voix unanime, a cédé dans une Diette folemnelle aux in-
ftances des plus fages têtes de la nation qui ont
demandé la tolérance.   Une puiffante Impératrice
le feconde dans cette entreprife, la plus humaine, la plus jufte, la plus glorieufe dont l'efprit
humain puiffe jamais s'honorer. Ils font les bienfaiCteurs de l'humanité entiere, n'en foyez pas
les deftruCteurs. Voudriez-vous n'être que des
homicides fanguinaires fous prétexte que vous ê-
tes Catholiques?

Votre Primat eft *Catholique* auffi.   Ce mot veut
dire univerfel, quoiqu'en effet la religion Catholique ne compofe pas la centieme partie de l'U-
nivers ; mais ce fage Primat à compris que la
véritable maniere d'être univerfel eft d'embraffer
dans fa charité tous les peuples de la terre, &
d'être furtout l'ami de tous fes Concitoiens. Il a
fçu que fi un homme peut en quelque forte, fans
blafphême, reffembler à la Divinité, c'eft en
chériffant tous les hommes dont Dieu eft également
ment le pere. Il a fenti qu'il était patriote Polonais avant d'être ferviteur du Pape qui eft le
ferviteur des ferviteurs de Dieu. Il s'eft uni à
plufieurs Prélats qui, tout catholiques univerfels
qu'ils font, ont cru que l'on ne doit pas priver
                                                                    fes

fes freres du droit de Citoyens, fous prétexte qu'ils vont au Jardin par une autre allée que vous.

Cette augufte Impératrice qui vient d'établir la tolérance pour la premiere de fes loix dans le plus vafte Empire de la terre, fe joint à votre Roi, à votre Primat, à vos principaux Palatins, à vos plus dignes Evêques, pour vous rendre humains & heureux. Au nom de Dieu & de la nature, ne vous obftinez pas à être barbares & infortunés.

Nous avouons qu'il y a parmi vous de très fåvants Moines qui prétendent que Jéfus ayant été fupplicié à Jérufalem, la religion chrétienne ne doit être foutenue que par des bourreaux, & qu'ayant été vendu trente deniers par Judas, tout Chrétien doit les intérêts échus de cet argent à notre S. Peré le Pape fuccefleur de Jéfus.

Ils fondent ce droit fur des raifons à la vérité très-plaufibles, & que nous refpectons.

Premiérement ils difent que l'affemblée étant fondée fur la pierre, & Simon Barjône payfan Juif, né auprès d'un petit lac Juif, ayant changé fon nom en celui de Pierre, fes fuccefleurs font par conféquent la pierre fondamentale, & ont à leur ceinture les clefs du Royaume des Cieux & celles de tous les coffres forts. C'eft une vérité dons nous fommes bien loin de difconvenir.

Secondement ils difent que le Juif *Simon Barjône la Pierre*, fut Pape à Rome pendant vingt cinq ans fous l'Empire de Néron qui ne régna que onze années, ce qui eft encor inconteftable.

Troifiémement ils affirment d'après les plus graves hiftoriens Chrétiens qui imprimerent leurs livres dans ce tems-là, livres connus dans tout l'Univers, publiés avec privilege, dépofés dans la Bibliotheque d'Apollon Palatin, & loués dans

D

tous les journaux : ils affirment, dis-je, que Simon Barjône Cepha la Pierre, arriva à Rome
quelque temps après Simon Vertu de Dieu, ou
Vertu-Dieu le magicien; que Simon Vertu-Dieu
envoya d'abord un de fes chiens faire fes compliments à Simon Barjône, lequel lui envoya fur le
champ un autre chien le faluer de fa part; qu'enfuite les deux Simons difputerent à qui reffufci-
terait un mort; que Simon Vertu-Dieu ne reffufcita le mort qu'à moitié, mais que Simon Barjône le reffufcita entiérement. Cependant felon la
maxime *dimidium facti qui bene cepit habet*, Simon
Vertu Dieu ayant opéré la moitié de la réfurrec-
tion prétendit que le plus fort étant fait, Simon
Barjône n'avait pas eu grand peine à faire le refte, & qu'ils devaient tous deux partager le prix.
C'était au mort d'en juger ; mais comme il ne
parla point, la difpute reftait indécife. Néron
pour en décider propofa aux deux reffufciteurs un
prix pour celui qui volerait le plus haut fans aîles.
Simon Vertu-Dieu vola comme une hirondelle;
Barjône la Pierre qui n'en pouvait faire autant,
pria le Chrift ardemment de faire tomber Simon
Vertu-Dieu & de lui caffer les jambes. Le
Chrift n'y manqua pas. Néron indigné de cette
fupercherie fit crucifier la Pierre la tête en bas.
C'eft ce que nous racontent Abdias, Marcellus
& Egefyppus contemporains, les Thucidides &
les Xénophons des Chrétiens. C'eft ce qui a été
regardé comme voifin d'un article de foi, *vicinus ar-
ticulo fidei*, pendant plufieurs fiecles, ce que les
balayeurs de l'Eglife de St. Pierre nous difent encore, ce que les Révérends Peres Capucins annoncent dans leurs Millions, ce qu'on croit fans
doute à Kaminiek.

Un Jéfuite de Thorn m'alléguait avant-hier,

que c'eſt le ſaint uſage de l'Egliſe chrétienne, *&
que Jéſus Dieu, la ſeconde perſonne de Dieu, a dit
charitablement, je ſuis venu apporter le glaive &
non la paix, je ſuis venu pour diviſer le fils & le
pere, la fille & la mere, &c.* qui n'écoute pas l'aſſemblée ſoit comme un payen ou un receveur des deniers publics. L'Impératrice de Ruſſie, le Roi
de Pologne, le Prince Primat n'écoutent pas l'aſſemblée, donc on doit ſacrifier le ſang de l'Impératrice, du Roi & du Primat, au ſang de Jéſus répandu pour extirper de la terre le péché qui la
couvre encor de toutes parts.

Ce bon Jéſuite fortifia cette apologie en m'apre-
nant qu'ils eurent en 1724 la conſolation de faire
pendre, décapiter, rouer, bruler à Thorn un
très grand nombre de Citoyens, parce que de jeunes écoliers avaient pris chez eux une image de
la Vierge mere de Dieu, & qu'ils l'avaient laiſſé
tomber dans la boue.

Je lui dis que ce crime était horrible, mais que
le châtiment était un peu dur, & que j'y aurais
déſiré plus de proportion. Ah! s'écria-t-il avec
entouſiaſme, on ne peut trop venger la famille du
Dieu des vengeances; il ne ſaurait ſe faire juſtice
lui-même, il faut bien que nous l'aidions. Ce fut
un ſpectacle admirable, tout était plein, nous
donnâmes au ſortir du théâtre un grand ſouper
aux juges, aux bourreaux, aux géoliers, aux dé-
lateurs, & à tous ceux qui avaient coopéré à cette ſainte œuvre. Vous ne pouvez vous faire une
idée de la joie avec laquelle tous ces Meſſieurs ra-
contaient leurs exploits; comme ils ſe vantaient,
l'un d'avoir dénoncé un de ſes parents dont il é-
tait héritier, l'autre d'avoir fait revenir les juges
à ſon opinion quand il conclut à la mort; un troiſieme & un quatrieme d'avoir tourmenté en pa-

tient plus longtems qu'il n'était ordonné. Tous nos peres étaient du fouper; il y eut de très bonnes plaifanteries ; nous citions tous les paffages des Pfeaumes qui ont rapport à ces exécutions: *Le Seigneur jufte coupera leurs têtes.* — *Heureux celui qui éventrera leurs petits enfants encor à la mammelle & qui les écrafera contre la pierre, &c.*

Il m'en cita une trentaine de cette force, après quoi il ajouta, je n'ai qu'un regret, c'eft de n'avoir pas été inquifiteur; il me femble que j'aurais été bien plus utile à l'Egife. Ah! mon Révérend Pere, lui répondis je, il y a une place encor plus digne de vous, c'eft celle de maître des hautes œuvres; ces deux charges ne font pas incompatibles, & je vous confeille d'y penfer.

Il me répliqua que tout bon chrétien eft tenu d'exercer ces deux emplois quand il s'agit de la Vierge Marie; il cita plufieurs exemples dans ce fiecle même, dans ce fiecle philofophique, de jeunes gens appliqués à la torture, mutilés, décolés, brûlés, rompus vifs, expirants fur la roue pour n'avoir pas affez révéré les portraits parfaitement reffemblants de la Ste. Vierge, ou pour avoir parlé d'elle avec inconfidération.

Mes chers Polonais, ne frémiffez vous pas d'horreur à ce récit? voilà donc la Religion dont vous prenez la défenfe!

Le Roi mon maître à fait répandre le fang, il eft vrai; mais ce fut dans les batailles, ce fut en expofant toujours le fien; jamais il n'a fait mourir, jamais il n'a perfécuté perfonne pour la Vierge Marie. Luthériens, Calviniftes, Hernoutres, Piétiftes, Anabatiftes, Memnoniftes, Millenaires, Métodiftes, Tartares Lamiftes, Turcs Omariftes, Perfans Aliftes, Papiftes mêmes, tout lui eft bon pourvu qu'on foit un brave homme. Imi-

tez ce grand exemple, foyons tous bons amis: &
ne nous battons que contre les Turcs quand ils
voudront s'emparer de Kaminiek.

Vous dites pour vos raifons que fi vous fouf-
frez parmi vous des gens qui communient avec du
pain & du vin, & qui ne croient pas que le paraclet procede du pere & du fils, bientôt vous aurez des Neftoriens qui appellent Marie mere de
Jéfus, & non mere de Dieu, titre que les anciens
Grecs donnaient à Cibele; vous craignez furtout
de voir renaître les Sociniens, ces impies qui s'en
tiennent à l'Evangile, qui n'y ont jamais vu que
Jéfus s'appellât Dieu, ni qu'il ait parlé de la trinité, ni qu'il ait rien annoncé de ce qu'on enfeigne
aujourd'hui à Rome; ces monftres enfin, qui avec
St. Paul ne croient qu'en Jéfus, & non en Bellarmin & en Baronius.

Eh bien, ni le Roi, ni le Prince Primat n'ont
envoyé chez vous de Colonie Socinienne; mais
quand vous en auriez une, quel grand mal en ré-
fulterait-il? Un bon tailleur, un bon foureur,
un bon fourbiffeur, un maffon habile, un excellent cuifinier ne vous rendraient-ils pas fervice
s'ils étaient Sociniens autant pour le moins que
s'ils étaient Janféniftes ou Hernoutres? N'eft-il
pas même évident qu'un cuifinier Socinien doit
être meilleur que tous les cuifiniers du Pape? Car fi
vous ordonnez à un rotiffeur Papifte de vous mettre trois pigeons Romains à la broche, il fera tenté
d'en manger deux & de ne vous en donner qu'un,
en difant que trois & un font la même chofe;
mais le rotiffeur Socinien vous fera fervir certainement vos trois pigeons; de même un tailleur de
cette fecte ne fera jamais votre habit d'une aune
quand vous lui en donnerez trois à employer.

Vous êtes forcés d'avouer l'utilité des Sociniens; mais vous vous plaignez que l'Impératrice de Ruffie ait envoyé trente mille hommes dans votre pays. Vous demandez de quel droit? Je vous réponds que c'eft du droit dont un voifin apporte de l'eau à la maifon de fon voifin qui brûle; c'eft du droit de l'amitié, du droit de l'eftime, du droit de faire du bien quand on le peut.

Vous avez tiré fort imprudemment fur de petits détachements de foldats, qui n'étaient envoyés que pour protéger la liberté & la paix. Sachez que les Ruffes tirent mieux que vous; n'obligez pas vos protecteurs à vous détruire; ils font venus établir la tolérance en Pologne, mais ils puniront les intolérants qui les reçoivent à coups de fufil. Vous favez que Catherine Seconde la tolérante eft la protectrice du genre humain; elle protégera fes foldats, & vous ferez les victimes de la plus haute folie qui foit jamais entrée dans la tête des hommes, c'eft celle de ne pas fouffrir que les autres délirent autrement que vous. Cette folie n'eft digne que de la Sorbonne, des petites maifons, & de Kaminiek.

Vous dites que l'Impératrice n'eft pas votre amie, que fes bienfaits qui s'étendent aux extrêmités de l'hémifphere, n'ont point été répandus fur vous; vous vous plaignez que ne vous ayant rien donné, elle ait acheté cinquante mille francs la bibliotheque de Mr. Diderot à Paris rue Taranne, & lui en ait laiffé la jouïffance, fans même exiger de lui une de ces dédicaces qui font bâiller le protecteur & rire le public. Eh! mes amis, commencez par favoir lire, & alors on vous achétera vos bibliotheques........

Cætera defunt.

LES
DROITS

es Hommes, & les ufurpations des Autres. Traduit de l'Italien. 1768.

Un Prêtre de Chrift doit-il être Souverain?

POur connaître les droits du genre humain, on
n'a pas befoin de citations. Les tems font paffés
où des Grotius & des Puffendorf cherchaient le
tien & le mien dans Ariftote & dans St. Jérome,
& prodiguaient les contradictions & l'ennui pour
connaître le jufte & l'injufte. Il faut aller au fait.

Un territoire dépend-il d'un autre territoire?
Y a-t-il quelque loi phyfique qui faffe couler
l'Euphrate au gré de la Chine ou des Indes?
Non fans doute. Y a-t-il quelque notion méta-
phyfique qui foumette une Ile Moluque à un marais formé par le Rhin & la Meufe? Il n'y a pas
d'apparence. Une loi morale? Pas davantage.

D'où vient que Gibraltar dans la Méditerranée
appartint autrefois aux Maures, & qu'il eft aujour-
d'hui aux Anglais, qui demeurent dans des Iles de
l'Océan, dont les dernieres font vers le foixan-
tieme degré? C'eft qu'ils ont pris Gibraltar.
Pourquoi le gardent-ils? C'eft qu'on n'a pu le leur
ôter; & alors on eft convenu qu'il leur refterait:
la force & la convention donnent l'empire.

De quel droit Charlemagne, né dans le pays
barbare des Auftrafiens, dépouilla-t-il fon beau-
pere le Lombard Didier Roi d'Italie, après avoir
dépouillé fes propres neveux de leur héritage?
Du droit que les Lombards avaient exercé en ve-
nant des bords de la mer Baltique faccager l'Em-

pire Romain ; & du droit que les Romains a-
vaient eu de ravager tous les autres pays l'un a-
près l'autre. Dans le vol à main armée c'eſt le
plus fort qui l'emporte ; dans les acquiſitions con-
venues c'eſt le plus habile.

Pour gouverner de droit ſes freres les hommes
(& quels freres ! quels faux freres !) que faut-il ?
le conſentement libre des peuples.

Charlemagne vient à Rome vers l'an 800 , après
avoir tout préparé, tout concerté avec l'Evêque,
& faiſant marcher ſon armée & ſa caſſette dans
laquelle étaient les préſents diſtinés à ce prêtre.
Le Peuple Romain nomme Charlemagne ſon maître par reconnaiſſance de l'avoir délivré de l'op-
preſſion Lombarde.

A la bonne heure que le Sénat & le peuple
aient dit à Charles, ,, Nous vous remercions du
,, bien que vous nous avez fait, nous ne voulons
,, plus obéir à des Empereurs imbéciles & mé-
,, chants qui ne nous défendent pas, qui n'enten-
,, dent pas notre langue, qui nous envoient leurs
,, ordres en grec par des Eunuques de Conſtanti-
,, nople , & qui prennent notre argent. Gou-
,, vernez nous mieux en conſervant toutes nos
,, prérogatives, & nous vous obéirons. ”

Voilà un beau droit, ſans doute, & le plus
légitime.

Mais ce pauvre peuple ne pouvait aſſurément
diſpoſer de l'Empire ; il ne l'avait pas ; il ne pouvait diſpoſer que de ſa perſonne. Quelle Province de l'Empire aurait il pu donner ? l'Eſpagne ?
elle était aux Arabes ; la Gaule & l'Allemagne ?
Pepin pere de Charlemagme les avait uſurpées ſur
ſon maître ; l'Italie citérieure ? Charles l'avait vo-
lée à ſon beau-pere. Les Empereurs Grecs poſ-

'daient tout le refte; le peuple ne conférait donc
u'un nom; ce nom était devenu facré. Les na-
ions depuis l'Euphrate jufqu'à l'Océan s'étaient
ccoutumées à regarder le brigandage du faint Em-
ire Romain comme un droit naturel; & la Cour
e Conftantinople regarda toujours les démembre-
ents de ce faint Empire comme une violation
anifefte du droit des gens, jufqu'à-ce qu'enfin
es Turcs vinrent leur apprendre un autre Code.

Mais dire avec les Avocats mercénaires de la
our pontificale Romaine (lefquels en rient eux-
mêmes,) que l'Evêque Léon III. donna l'Empire d'Occident à Charlemagne, cela eft auffi abfurde que fi on difait que le patriarche de Conftantinople donna l'Empire d'Orient à Mahomet fecond.

D'un autre côté, répéter après tant d'autres
que Pepin l'ufurpateur, & Charlemagne le dévaf-
tateur, donnerent aux Evêques Romains l'Exarcat de Ravenne, c'eft avancer une fauffeté évidente. Charlemagne n'était pas fi honnête. Il
garda l'Exarcat pour lui ainfi que Rome; il nomme Rome & Ravenne dans fon teftament comme
fes villes principales. Il eft conftant qu'il confia
le gouvernement de Ravenne & de la Pentapole à
un autre Léon Archevêque de Ravenne, dont
nous avons encor la Lettre qui porte en termes
exprès: *hæ civitates à Carolo ipfo una cum univerfa
Pentapoli illi fuerint conceffæ*.

Quoiqu'il en foit, il ne s'agit ici que de démontrer que c'eft une chofe monftreufe dans les principes de notre religion comme dans ceux de la
politique & dans ceux de la raifon qu'un prêtre
donne l'empire, & qu'il ait des fouverainetés dans
l'Empire.

Ou il faut entiérement renoncer au chriftia-

nifme, ou il faut l'obferver. Ni un Jéfuite avec
fes diftinctions, ni le Diable n'y peut trouver de
milieu.

Il fe forme dans la Galilée une religion toute
fondée fur la pauvreté, fur l'égalité, fur la haine
contre les richeffes & les riches ; une religion
dans laquelle il eft dit qu'il eft auffi impoffible
qu'un riche entre dans le Royaume des Cieux,
qu'il eft impoffible qu'un chameau paffe par le
trou d'une aiguille ; où l'on dit que le mauvais riche eft damné uniquement pour avoir été riche ;
où Anania & Saphira font punis de mort fubite
pour avoir gardé de quoi vivre ; où il eft ordonné
aux difciples de ne jamais faire de provifion pour
le lendemain ; où Jéfus-Chrift fils de Dieu, Dieu
lui même prononce ces terribles oracles contre
l'ambition & l'avarice ; *je ne fuis pas venu pour
être fervi, mais pour fervir. Il n'y aura jamais
parmi vous ni premier ni dernier. Celui de vous qui
voudra s'agrandir, foit abaiffé. Que celui de vous
qui voudra être le premier, foit le dernier.*

La vie des premiers difciples eft conforme à ces
préceptes ; St. Paul travaille de fes mains, St. Pierre gagne fa vie. Quel rapport y a-t-il de cette
inftitution avec le domaine de Rome, de la Sabi-
ne, de l'Ombrie, de l'Emilie, de Ferrare, de
Ravenne, de la Pentapole, du Boulonais, du
Commachio, de Bénévent, d'Avignon ? On ne
voit pas que l'Evangile ait donné ces terres aux
Papes, à moins que l'Evangile ne reffemble à la
regle des Théatins, dans laquelle il fut dit qu'ils
feraient vêtus de blanc : & on mit en marge,
c'eft-à-dire de noir.

Cette grandeur des Papes & leurs prétentions
mille fois plus étendues, ne font pas plus con-

formes à la politique & à la raison qu'à la parole de Dieu, puisqu'elles ont bouleversé l'Europe, & fait couler des flots de sang pendant sept cents années.

La politique & la raison exigent dans l'Univers entier que chacun jouisse de son bien, & que tout état soit indépendant. Voyons comment ces deux loix naturelles, contre lesquelles il ne peut être de prescription, ont été observées.

De Naples.

LEs Gentilshommes Normands qui furent les premiers instruments de la conquête de Naples & de Sicile, firent le plus bel exploit de chevalerie dont on ait jamais entendu parler. Quarante à cinquante hommes seulement, délivrent Salerne au moment qu'elle est prise par une armée des Sarasins. Sept autres Gentilhommes Normands tous freres, suffisent pour chasser ces mêmes Sarasins de toute la contrée, & pour l'ôter à l'Empereur Grec qui les avait payés d'ingratitude. Il est bien naturel que les peuples dont ces Héros avaient ranimé la valeur, s'accoutumassent à leur obéir par admiration & par reconnaissance.

Voilà les premiers droits à la Couronne des deux Siciles. Les Evêques de Rome ne pouvaient pas plus donner ces Etats en fief que le Royaume de Boutan ou de Cachemire. Ils ne pouvaient même en accorder l'investiture quand on la leur aurait demandée ; car dans le tems de l'anarchie des fiefs, quand un Seigneur voulait tenir son bien allodial en fief pour avoir une protection, il ne pouvait s'adresser qu'à son Seigneur Suzerain. Or certainement le Pape n'était pas Seigneur Suzerain de Naples, de la Pouille, & de la Calabre.

On a beaucoup écrit fur cette vaffalité prétendue, mais on n'a jamais remonté à la fource. J'o-
fe dire que c'eft le défaut de prefque tous les Ju-
rifconfultes, comme de tous les Théologiens. Chacun tire bien ou mal, d'un principe reçu, les conféquences les plus favorables à fon parti. Mais ce
principe eft-il vrai? Ce premier fait fur lequel
ils s'apuient, eft-il inconteftable? C'eft ce qu'ils
fe donnent bien de garde d'examiner. Ils reffem-
blent à nos anciens Romanciers qui fuppofaient
tous que Francus avait apporté en France le cafque
d'Hector. Ce cafque était impénétrable fans doute,
mais Hector en effet l'avait-il porté? Le lait de
la Vierge eft auffi très refpectable; mais les Sa-
crifties qui fe vantent d'en poffeder une roquille,
la poffedent-elles en effet?

Giannone eft le feul qui ait jetté quelque jour
fur l'origine de la domination fuprême affectée par
les Papes fur le Royaume de Naples. Il a rendu
en cela un fervice éternel aux Rois de ce pays; &
pour récompenfe il a été abandonné par l'Empereur Charles VI. alors Roi de Naples, à la perfé-
cution des Jéfuites, trahi depuis par la plus lâche
des perfidies, facrifié à la cour de Rome, il a fini
fa vie dans la captivité. Son exemple ne nous dé-
couragera pas. Nous écrivons dans un pays libre;
nous fommes nés libres; & nous ne craignons ni
l'ingratitude des Souverains, ni les intrigues des
Jéfuites, ni la vengeance des Papes. La vérité eft
devant nous; & toute autre confidération nous eft
étrangere.

C'était une coutume dans ces fiecles de rapines,
de guerres particulieres, de crimes, d'ignorance
& de fuperftition, qu'un Seigneur faible pour être
à l'abri de la rapacité de fes voifins, mît fes terres

fous la protection de l'Eglife, & achetât cette protection pour quelque argent ; moyen fans lequel on
n'a jamais réuffi. Ses terres alors étaient réputées
facrées : quiconque eût voulu s'en emparer était
excommunié

Les hommes de ce temps-là auffi méchants
qu'imbéciles, ne s'effrayaient pas des plus grands
crimes ; & redoutaient une excommunication qui
les rendaient exécrables aux peuples encor plus méchants qu'eux, & beaucoup plus fots.

Robert Guifcard & Richard vainqueurs de la
Pouille & de la Calabre, furent d'abord excommu-
niés par le Pape Léon IX. Ils s'étaient déclarés
vaffaux de l'Empire : mais l'Empereur Henri III.
mécontent de ces feudataires conquérants, avait
engagé Léon IX. à lancer l'excommunication à la
tête d'une armée d'Allemands. . Les Normands qui
ne craignaient point ces foudres comme les Princes
d'Italie les craignaient, battirent les Allemands &
prirent le Pape prifonnier. Mais pour empêcher
déformais les Empereurs, & les Papes de venir les
troubler dans leurs poffeffions, ils offrirent leurs
conquêtes à l'Eglife fous le nom d'*Oblata*. C'eft
ainfi que l'Angleterre avait payé le denier de St.
Pierre, c'eft ainfi que les premiers Rois d'Efpagne
& de Portugal en recouvrant leurs états contre les
Sarrafins promirent à l'Eglife de Rome deux livres
d'or par an ; nj l'Angleterre, ni l'Efpagne, ni le
Portugal ne regarderent jamais le Pape comme leur
Seigneur Suzerain.

Le Duc Robert *Oblat* de l'Eglife ne fut pas non
plus feudataire du Pape ; il ne pouvait pas l'être,
puifque les Papes n'étaient pas Souverains de Rome.
Cette ville alors était gouvernée par fon Sénat : l'E-
vêque n'avait que du crédit ; le Pape était à Rome

précifément ce que l'électeur eft à Cologne. Il y a une différence prodigieufe entre être Oblat d'un Saint & être feudataire d'un Evêque.

Baronius dans fes actes rapporte l'hommage prétendu fait par Robert Duc de la Pouïlle & de la Calabre à Nicolas II.; mais cette piece eft fauffe, on ne l'a jamais vue; elle n'a jamais été dans aucune archive. Robert s'intitula *Duc par la grace de Dieu & de St. Pierre.* Mais certainement St. Pierre ne lui avait rien donné, & n'était point Roi de Rome. Si on voulait remonter plus haut, on prouverait invinciblement, non-feulement que St. Pierre n'a jamais été Evêque de Rome dans un temps où il eft avéré qu'aucun Prêtre n'avait de fiege particulier, & où la difcipline de l'Eglife naiffante n'était pas encor formée; mais que St. Pierre n'a pas plus été à Rome qu'à Pékin. St. Paul déclare expreffément que fa miffion était *pour les prépupes entiers, & que la miffion de St. Pierre était pour les prépuces coupés*, (16) c'eft-à-dire que St. Pierre né en Galilée ne devait prêcher que les Juifs, & que lui Paul né à Tarfis dans la Caramanie devait prêcher les étrangers.

La fable qui dit que Pierre vint à Rome fous le regne de Néron & y fiégea pendant vingt-cinq ans, eft une des plus abfurdes qu'on ait jamais inventées, puifque Néron ne régna qu'onze ans. La fuppofition qu'on a ofé faire qu'une lettre de St. Pierre datée de Babylone avait été écrite dans Rome, & que Rome eft là pour Babylone, eft une fuppofition fi impertinente qu'on ne peut en parler fans rire. On demande à tout lecteur fenfé ce que c'eft qu'un droit fondé fur des impoftures fi avérées.

(16) Epître aux Galates *ch. II.*

Enfin que Robert fe foit donné à St Pierre ou
aux douze Apôtres ou aux douze patriarches, ou
aux neuf chœurs des anges, cela ne communique
aucun droit au Pape fur un Royaume; ce n'eft
qu'un abus intolérable contraire à toutes les anciennes loix féodales, contraire à la religion chrétienne, à l'indépendance des Souverains, au bon fens
& à la loi naturelle.

Cet abus a fept cents ans d'antiquité. D'accord;
mais en eût il fept cents mille, il faudrait l'abolir.
Il y a eu, je l'avoue, trente inveftitures du Royaume de Naples données par des Papes; mais il y a
eu beaucoup plus de Bulles qui foumettent les Princes à la jurisdiction eccléfiaftique, & qui déclarent
qu'aucun Souverain ne peut en aucun cas juger des
Clercs ou des Moines, ni tirer d'eux une obole
pour le maintien de leurs Etats. Il y a eu plus de
Bulles qui difent de la part de Dieu qu'on ne peut
faire un Empereur fans le confentement du Pape.
Toutes ces Bulles font tombées dans le mépris
qu'elles méritent, pourquoi refpecterait-on davantage la fuzeraineté prétendue du Royaume de Naples? Si l'antiquité confacrait les erreurs & les
mettait hors de toute atteinte, nous ferions tous
tenus d'aller à Rome plaider nos procès lorfqu'il
s'agirait d'un mariage, d'un teftament, d'une dix-
me; nous devrions payer des taxes impofées par
les Légats. Il faudrait nous armer toutes les fois
que le Pape publierait une croifade, nous achette-
rions à Rome des Indulgences, nous délivrerions
les ames des morts à prix d'argent, nous croirions
aux forciers, à la magie, au pouvoir des reliques
fur les diables. Chaque Prêtre pourroit envoyer des
diables dans le corps des hérétiques: tout Prince qui
aurait un différent avec le Pape perdrait fa fouve-

raineté. Tout cela eſt auſſi ancien ou plus ancien que la prétendue vaſſalité d'un Royaume qui par ſa nature doit être indépendant.

Certes ſi les Papes ont donné ce royaume, ils peuvent l'ôter; ils en ont en effet dépouillé autrefois les légitimes poſſeſſeurs. C'eſt une ſource continuelle de guerres civiles. Ce droit du Pape eſt donc en effet contraire à la religion chrétienne, à la ſaine politique & à la raiſon; ce qui était à démontrer.

De la Monarchie de Sicile.

CE qu'on appelle le privilege, la prérogative de la monarchie de Sicile eſt un droit eſſentiellement attaché à toutes les puiſſances chrétiennes, à la République de Genes, à celle de Lucques & de Raguſe comme à la France & à l'Eſpagne. Il conſiſte en trois points principaux accordés par le Pape Urbain II. à Roger Roi de Sicile.

Le premier de ne recevoir aucun Légat *à latere* qui faſſe les fonctions de Pape, ſans le conſentement du Souverain.

Le ſecond de faire chez ſoi ce que cet Ambaſſadeur étranger s'arrogeait de faire.

Le troiſieme d'envoyer aux Conciles de Rome les Evêques & les Abbés qu'il voudrait.

C'était bien le moins qu'on pût faire pour un homme qui avait délivré la Sicile du joug des Arabes & qui l'avait rendue chrétienne. Ce prétendu privilege n'était autre choſe que le droit naturel, comme les libertés de l'Egliſe Gallicane ne ſont que l'ancien uſage de toutes les Egliſes.

Ces privileges ne furent accordés par Urbain ſecond, confirmés & augmentés par quelques Papes

ſui-

fuivans, que pour tâcher de faire un fief apoftoli‑
que de la Sicile comme ils l'avaient fait de Naples.
Mais les Rois ne fe laiſſerent pas prendre à ce
piege. C'était bien aſſez d'oublier leur dignité
juſqu'à être vaſſaux en terre ferme; ils ne le fu‑
rent jamais dans l'Ile.

Si l'on veut favoir une des raifons pour laquelle
ces Rois fe maintinrent dans le droit de ne point
recevoir de Légat dans le tems que tous les autres
Souvérains de l'Europe avaient la faibleſſe de les
admettre, la voici dans Jean Evêque de Salisburi:
Legati Apoſtolici ... ita debacchantur in Provinciis ac
Sathan ad Eccleſiam flagellandam à facie Domini.
Provinciarum diripiunt ſpolia ac ſi theſauros Cræſi
ſtudeant comparare. Ils faccagent le pays comme
ſi c'était Sathan qui flagellât l'Egliſe loin de la face
du Seigneur. Ils enlevent les dépouilles des Provin‑
ces comme s'ils voulaient amaſſer les tréfors de
Creſus.

Les Papes fe répentirent bientôt d'avoir cédé
aux Rois de Sicile un droit naturel. Ils voulurent
le reprendre. Baronius foutint enfin que ce privi‑
lege était fubreptice, qu'il n'avait été vendu aux
Rois de Sicile que par un Antipape: & il ne fait
nulle difficulté de traiter de tyrans tous les Rois
fucceſſeurs de Roger.

Après des ſiecles de conteſtations & d'une pos‑
feſſion toujours conſtante des Rois, la Cour de Ro‑
me crut enfin trouver une occafion d'aſſervir la Si‑
cile quand le Duc de Savoye Victor Amédée fut
Roi de cette Ile en vertu des Traités d'Utrecht.

Il eſt bon de favoir de quel prétexte la Cour Ro‑
maine moderne fe fervit pour bouleverfer ce Royau‑
me ſi cher aux anciens Romains. L'Evêque de
Lipari fit vendre un jour en 1711. une douzaine

de litrons de pois verds à un Grenetier. Le Grenetier vendit ces pois au marché & paya trois oboles pour le droit imposé sur les pois par le Gouvernement. L'Evêque prétendit que c'était un Sacrilege, que ces pois lui appartenaient de droit divin, qu'ils ne devaient rien payer à un tribunal profane. Il est évident qu'il avait tort. Ces pois verds pouvaient être sacrés quand ils lui appartenaient ; mais ils ne l'étaient pas après avoir été vendus. L'Evêque soutint qu'ils avaient un caractere indélébile ; il fit tant de bruit, & il fut si bien secondé par ses Chanoines, qu'on rendit au Grenetier ses trois oboles.

Le Gouvernement crut l'affaire appaisée ; mais l'Evêque de Lipari était déjà parti pour Rome après avoir excommunié le Gouverneur de l'Ile & les Jurats. Le tribunal de la Monarchie leur donna l'absolution *cum reincidentia*, c'est-à-dire qu'ils suspendirent la censure selon le droit qu'ils en avaient.

La Congrégation qu'on appelle à Rome de l'immunité envoya aussitôt une lettre circulaire à tous les Evêques Siciliens, laquelle déclarait, que l'attentat du tribunal de la Monarchie était encor plus sacrilege que celui d'avoir fait payer trois oboles pour des pois qui venaient originairement du potager d'un Evêque. Un Evêque de Catane publia cette déclaration. Le Viceroi avec le tribunal de la Monarchie la cassa comme attentatoire à l'autorité royale. L'Evêque de Catane excommunia un Baron Figuerazzi & deux autres Officiers du tribunal.

Le Viceroi indigné envoya par deux Gentilshommes un ordre à l'Evêque de Catane de sortir du Royaume. L'Evêque excommunia les deux Gentilshommes, mit son Diocese en interdit &

partit pour Rome. On faifit une partie de fes biens. L'Evêque d'Agrigente fit ce qu'il put pour s'attirer un pareil ordre, on le lui donna. Il fit bien mieux que l'Evêque de Catana; il excommunia le Viceroi, le Tribunal & toute la Monarchie.

Ces pauvretés qu'on ne peut lire aujourd'hui fans lever les épaules, devinrent une affaire très férieufe. Cet Evêque d'Agrigente avait trois Vicaires encor plus excommunians que lui. Ils furent mis en prifon. Toutes les dévotes prirent leur parti; la Sicile était en combuftion.

Lorsque Victor Amédée à qui Philippe V. venait de céder cette Ile, en prit poffeffion le 10 Octobre 1713, à peine le nouveau Roi était arrivé que le Pape Clément XI expédia trois brefs à l'Archevêque de Palerme, par lefquels il lui était ordonné d'excommunier tout le Royaume, fous peine d'être excommunié lui-même. La Providence divine n'accorda pas fa pretection à ces trois brefs. La barque qui les conduifait fit naufrage; & ces brefs qu'un Parlement de France aurait fait brûler, furent noyés avec le porteur. Mais comme la Providence ne fe fignale pas toujours par des coups d'éclat, elle permit que d'autres brefs arrivaffent; un entre autres où le tribunal de la Monarchie était qualifié de *certain prétendu tribunal*. Dès le mois de Novembre la congrégation de l'immunité affembla tous les Procureurs des Couvens de Sicile qui étaient à Rome, & leur ordonna de mander à tous les Moines qu'ils euffent à obferver l'interdit fulminé précédemment par l'Evêque de Catane, & à s'abftenir de dire la Meffe jufqu'à nouvel ordre.

Le bon Clement XI. excommunia lui-même

nommément le Juge de la monarchie le 5. Janvier
1714. Le Cardinal Paulucci ordonna à tous les
Evêques (& toujours avec menace d'excommunication) de ne rien payer à l'état de ce qu'ils s'é-
taient engagés eux-mêmes à payer par les anciennes loix du Royaume. Le Cardinal de la Tri-
mouille Ambaſſadeur de France à Rome, inter-
poſait la médiation de ſon maître entre le St. E-
ſprit & Victor Amédée; mais la négociation n'eut
point de ſuccès.

Enfin le 10. Fevrier 1715. le Pape crut abolir
par une Bulle le Tribunal de la Monarchie Sici-
lienne. Rien n'avilit plus une autorité précaire
que des excès qu'elle ne peut ſoutenir. Le Tribunal ne ſe tint point pour aboli; le St. Pere ordonna qu'on fermât toutes les Egliſes de l'Ile &
que perſonne ne priât Dieu. On pria Dieu malgré lui dans pluſieurs villes. Le Comte Maffei
envoyé de la part du Roi au Pape eut une audience de lui. Clément XI. pleurait ſouvent, & ſe
dédiſait auſſi ſouvent des promeſſes qu'il avait faites. On diſait de lui: *il reſſemble à St. Pierre*,
il pleure & il renie. Maffei qui le trouva tout
en larmes de ce que la plupart des Egliſes étaient
encor ouvertes en Sicile , lui dit : *Saint Pere ,*
pleurez quand on les fermera, & non quand on les
ouvrira.

D E　F E R R A R E.

SI les droits de la Sicile ſont inébranlables, ſi
la ſuzeraineté de Naples n'eſt qu'une antique chimere, l'invaſion de Ferrare eſt une nouvelle uſur-
pation. Ferrare était conſtamment un Fief de
l'Empire, ainſi que Parme & Plaiſance. Le Pape

Clément VIII. en dépouilla Céfar d'Eft à main armée en 1597. Le prétexte de cette tyrannie était bien fingulier pour un homme qui fe dit l'humble Vicaire de Jéfus-Chrift. Le Duc Alphonfe d'Eft premier du nom, Souverain de Ferrare, de Modene, d'Eft, de Carpi, de Rovigno, avait époufé une fimple citoyenne de Ferrare nommée Laura Euftochia, dont il avait eu trois enfans avant fon mariage, reconnus par lui folemnellement en face d'Eglife. Il ne manqua à cette reconnaiffance aucune des formalités prefcrites par les loix. Son fucceffeur Alphonfe d'Eft fut reconnu Duc de Ferrare. Il époufa Julie d'Urbin fille de François Duc d'Urbin, dont il eut cet infortuné Céfar d'Eft, héritier inconteftable de tous les biens de la maifon, & déclaré héritier par le dernier Duc mort le 27 Octobre 1597. Le Pape Clément VIII. du nom d'Aldobrandin, originaire d'une famille de négocians de Florence, ofa prétexter que la grand-mere de Céfar d'Eft n'était pas affez noble, & que les enfans qu'elle avait mis au monde devaient être regardés comme des bâtards. La premiere raifon eft ridicule & fcandaleufe dans un Evêque; la feconde eft infoutenable dans tous les tribunaux de l'Europe: car fi le Duc n'était pas légitime, il devait perdre Modene & fes autres Etats; & s'il n'avait point de vice dans fa naiffance, il devait garder Ferrare comme Modene.

L'acquifition de Ferrare était trop belle pour que le Pape ne fit pas valoir toutes les décretales & toutes les décifions des braves Théologiens qui affurent que le Pape *peut rendre jufte ce qui eft injufte*. En conféquence il excommunia d'abord Céfar d'Eft, & comme l'excommunication prive néceffairement un homme de tous fes biens, le

E 3

pere commun des fidéles leva des troupes contre
l'excommunié pour lui ravir fon héritage au nom
de l'Eglife. Ces troupes furent battues; mais le
Duc de Modene & de Ferrare vit bientôt fes finances épuiffées & fes amis réfroidis.

Ce qu'il y eut de plus déplorable, c'eft que le
Roi de France Henri IV. fe crut obligé de prendre le parti du Pape pour balancer le crédit de
Philippe II. à la Cour de Rome. C'eft ainfi que
le bon Roi Louis XII. moins excufable , s'était
deshonoré en s'uniffant avec le monftre Alexandre VI. & fon exécrable bâtard le Duc Borgia.
Il fallut céder; alors le Pape fit envahir Ferrare
par le Cardinal Aldobrandin, qui entra dans cette
floriffante ville avec mille chevaux & cinq mile
fantaffins.

Depuis ce temps Ferrare devint déferte , fon
terroir inculte fe couvrit de marais croupiffans.
Ce pays avait été fous la maifon d'Eft un des plus
beaux de l'Italie ; le peuple regretta toujours fes
anciens maîtres. Il eft vrai que le Duc fut dédom-
magé. On lui donna la nomination à un Evéché
& à une Cure ; & on lui fournit même quelques
minots de fel des magafins de Cervia ; mais il
n'eft pas moins vrai que la maifon de Modene a
des droits inconteftables & imprefcriptibles fur
ce Duché de Ferrare dont elle eft fi indignement
dépouillée.

DE CASTRO ET RONCIGLIONE.

LUfurpation de Caftro & Ronciglione fur la
maifon de Parme n'eft pas moins injufte, mais la
maniere a été plus baffe & plus lâche. Il y a
dans Rome beaucoup de Juifs qui fe vengent

comme ils peuvent des Chrétiens en leur prêtant fur gages à gros intérêt. Les Papes ont été fur leur marché. Ils ont établi des banques que l'on appelle monts de piété; on y prête fur gages auffi; mais avec un intérêt beaucoup moins fort. Les particuliers y dépofent leur argent, & cet argent eft prêté à ceux qui veulent emprunter & qui peuvent répondre.

Rainuce Duc de Parme fils de ce célebre A-lexandre Farnefe qui fit lever au Roi Henri IV. le fiege de Paris, obligé d'emprunter de groffes fommes, donna la préférence au Mont de piété fur les Juifs. Il n'avait cependant pas trop à fe louer de la cour Romaine. La premiere fois qu'il y parut, Sixte-Quint voulut lui faire couper le cou pour récompenfe des fervices que fon pere avait rendus à l'Eglife.

Son fils Odoard devait les intérêts avec le capital, & ne pouvait s'acquiter que difficilement. Barbarin ou Barbérin qui était alors Pape fous le nom d'Urbain VIII. voulut accommoder l'affaire en mariant fa niece Barbarini ou Barbarina au jeune Duc de Parme. Il avait deux neveux qui le gouvernaient, l'un Tadeo Barbarini Préfet de Rome, & l'autre le Cardinal Antonio, & encor un troifieme, Cardinal auffi, mais qui ne gouvernait perfonne. Le Duc alla à Rome voir ce Préfet & ces Cardinaux, dont il devait être le beaufrere moyennant une diminution des intérêts qu'il devait au Mont d'impiété. Ni le marché, ni la niece du Pape, ni les procédés des neveux ne lui plurent, il fe brouilla avec eux pour la grande affaire des Romains modernes, le punctilio, la fcience du nombre des pas qu'un Cardinal & un Préfet doivent faire en reconduifant un Duc de

Parme.   Tous les Caudataires fe remuerent dans
Rome pour ce différent, & le Duc de Parme s'en
alla époufer une Médicis.

Les Barbarins ou Barberins fongerent à la vengeance.   Le Duc vendait tous les ans fon bled du
Duché de Caftro à la Chambre des Apôtres pour
acquitter une partie de fa dette ; & la chambre
des Apôtres revendait chérement fon bled au peuple.   Elle en acheta ailleurs, & défendit l'entrée
du bled de Caftro dans Rome.   Le Duc de Parme
ne put vendre fon bled aux Romains, & le vendit
auffi ailleurs comme il put.

Le Pape qui d'ailleurs était un affez mauvais
Poëte, excommunia Odoard felon l'ufage, & in-
caméra le Duché de Caftro.   Incamérer eft un
mot de la langue particuliere à la chambre des A-
pôtres : chaque chambre a la fienne. Cela fignifie,
prendre, faifir, s'approprier, s'appliquer ce qui
ne nous appartient point du tout.   Le Duc avec
le fecours des Médicis & de quelques amis, arma
pour défincamérer fon bien.   Les Barberins arme-
rent auffi.   On prétend que le Cardinal Antonio
en faifant délivrer des mousquetons benits aux
foldats, les exhortait à les tenir toujours bien propres, & à les rapporter dans le même état qu'on
les leur avait confiés.   On affure même qu'il y
eut des coups donnés & rendus, & que trois ou
quatre perfonnes moururent dans cette guerre,
foit de l'intempérie, foit autrement.   On ne laiffa pas de dépenfer beaucoup plus que le bled de
Caftro ne valait.   Le Duc fortifia Caftro; & tout
excommunié qu'il était, les Barberins ne purent
prendre fa ville avec leurs mousquetons.   Tout
cela ne reffemblait que médiocrement aux guerres
des Romains du tems paffé, & encor moins à

la morale de Jéſus-Chriſt. Ce n'était pas même
le *Contrain les d'entrer;* c'était le *contrain les de*
ſortir. Ce fracas dura par intervalles pendant les
années 1642 & 1643. La Cour de France en
1644 procura une paix fourée. Le Duc de Parme communia & garda Caſtro.

Pamphile, Innocent X. qui ne faiſait point de
vers & qui haïſſait les deux Cardinaux Barberins,
les vexa ſi durement pour les punir de leurs vexa-
tions, qu'ils s'enfuirent en France où le Cardinal
Antonio fut Archevêque de Reims, grand Aumônier & chargé d'Abbayes.

Nous remarquerons en paſſant qu'il y avait encor un troiſieme Cardinal Barberin, baptiſé auſſi
ſous le nom d'Antoine. Il était frere du Pape Urbain VIII. Celui-là ne ſe mêlait ni de vers ni
de gouvernement. Il avait été aſſez fou dans ſa
jeuneſſe pour croire que le ſeul moyen de gagner
le Paradis était d'etre frere laïc chez les Capucins.
Il prit cette dignité, qui eſt aſſurément la derni-
re de toutes; mais étant depuis devenu ſage, il
ſe contenta d'être Cardinal & très riche. Il vécut
en philoſophe. L'épitaphe qu'il ordonna qu'on
gravât ſur ſon tombeau eſt curieuſe.

Hic jacet pulvis & cinis, poſtea nihil.
Ci gît poudre & cendre, & puis rien.

Ce rien eſt quelque choſe de ſingulier pour un
Cardinal.

Mais revenons aux affaires de Parme. Pamphile en 1646. voulut donner à Caſtro un Evêque fort décrié pour ſes mœurs & qui fit trembler
tous les citoyens de Caſtro qui avaient de belles
femmes & de jolis enfans. L'Evêque fut tué par

un jaloux. Le Pape au lieu de faire chercher les coupables & de s'entendre avec le Duc pour les punir, envoya des troupes & fit rafer la ville. On attribua cette cruauté à Dona Olimpia belle fœur & maîtreffe du Pape à qui le Duc avait eu la négligence de ne pas faire de préfens lorfqu'elle en recevait de tout le monde. Démolir une ville était bien pis que de l'incamérer. Le Pape fit ériger une petite pyramide fur les ruines avec cette infcription: *Qui fù Caftro.*

Cela fe paffa fous Ranuce II. fils d'Odoard Farnefe. On recommença la guerre, qui fut encor moins meurtriere que celle des Barberins. Le Duché de Caftro & de Ronciglione refta toujours confifqué au profit de la chambre des Apôtres depuis 1646 jufqu'à 1662 fous le pontificat de Chigi Alexandre VII.

Cet Alexandre VII. ayant dans plus d'une affaire bravé Louis XIV. dont il méprifait la jeuneffe & dont il ne connaiffait pas la hauteur, les différends furent pouffés fi loin entre les deux cours, les animofités furent fi violentes entre le Duc de Créqui Ambaffadeur de France à Rome & Mario Chigi frere du Pape, que les Gardes Corfes de fa Sainteté tirerent fur le caroffe de l'Ambaffadrice & tuerent un de fes Pages à la portiere. Il eft vrai qu'ils n'y étaient autorifés par aucune bulle; mais il parut que leur zele n'avait pas beaucoup déplu au St. Pere. Louis XIV fit craindre fa vengeance. Il fit arrêter le nonce à Paris, envoya des troupes en Italie, fe faifit du Comtat d'Avignon. Le Pape qui avait dit d'abord que des *légions d'Anges viendraient à fon fecours*, ne voyant point paraître ces anges, s'humilia, demanda pardon. Le Roi de France lui pardonna à condition

qu'il rendrait Caſtro & Ronciglione au Duc de
Parme, & Commacchio au Duc de Modene, tous
deux attachés à ſes intérêts & tous deux opprimés.

Comme Innocent X. avait fait ériger une petite pyramide en mémoire de la démolition de Caſtro, le Roi de France exigea qu'on érigeat une
pyramide du double plus haute à Rome, dans la
place Farneſe, où le crime des Gardes du Pape
avait été commis. A l'égard du page tué, il n'en
fut pas queſtion. Le vicaire de Jéſus-Chriſt devait
bien au moins une penſion à la famille de ce jeune
Chrétien. La cour de Rome fit habilement inſérer
dans le traité qu'on ne rendrait Caſtro & Ronciglione au Duc que moyennant une ſomme d'argent, équivalente à-peu-près à la ſomme que la
maiſon Farneſe devait au Mont de piété. Par ce
tour adroit Caſtro & Ronciglione ſont demeurés
toujours incamerés, malgré Louis XIV. qui dans
les occaſions éclatait avec fierté contre la cour de
Rome & enſuite lui cédait.

Il eſt certain que la jouiſſance de ce Duché a
valu à la chambre des Apôtres, quatre fois plus
que le Mont de piété ne peut redemander de capital & d'intérêts. N'importe, les Apôtres ſont
toujours en poſſeſſion. Il n'y a jamais eu d'uſur-
pation plus manifeſte. Qu'on s'en rapporte à tous les
tribunaux de judicature, depuis ceux de la Chine
juſqu'à ceux de Corfou: y en a-t-il un ſeul où le
Duc de Parme ne gagnât ſa cauſe? Ce n'eſt qu'un
compte à faire. Combien vous dois-je? Combien
avez-vous touché par vos mains? Payez moi l'ex-
cédent & rendez moi mon gage. Il eſt à croire
que quand le Duc de Parme voudra intenter ce
procès, il le gagnera partout ailleurs qu'à la chambre des Apôtres.

ACQUISITIONS DE JULES II.

JE ne parlerai point ici de Commachio, c'eſt une affaire qui regarde l'Empire, & je m'en rapporte à la chambre de Vetzlar & au Conſeil aulique. Mais il faut voir par quelles bonnes œuvres les ſerviteurs des ſerviteurs de Dieu ont obtenu du ciel tous les domaines qu'ils poſſedent aujourd'hui. Nous ſavons par le Cardinal Bembo, par Guichardin & par tant d'autres, comment la Rovere Jules II. acheta la thiare, & comment il fut élu avant même que les Cardinaux fuſſent entrés dans le conclave. Il fallait payer ce qu'il avait promis, ſans quoi on lui aurait repréſenté des billets, & il riſquait d'être dépoſé. Pour payer les uns il fallait prendre aux autres. Il commence par lever des troupes; il ſe met à leur tête, aſſiege Pérouſe qui appartenait au Seigneur Baglioni homme faible & timide qui n'eut pas le courage de ſe défendre. Il rendit ſa Ville en 1506. On lui laiſſa ſeulement emporter ſes meubles avec des *agnus Dei*. De Pérouſe Jules marche à Bologne & en chaſſe les Bentivoglie.

On ſait comment il arma tous les Souverains contre Veniſe, & comment enſuite il s'unit avec les Vénitiens contre Louis XII. Cruel ennemi, ami perfide, prêtre ſoldat, il réuniſſait tout ce qu'on reproche à ces deux profeſſions, la fourberie & l'inhumanité. Cet honnête homme ſe mêlait auſſi d'excommunier. Il lança ſon ridicule foudre contre le Roi de France Louis XII. le pere du peuple; il croyait, dit un Auteur célebre, mettre les Rois ſous l'anathême comme Vicaire de Dieu, & il mettait à prix les têtes de tous les Français en Italie comme Vicaire du Diable. Voilà l'homme dont les Princes baifaient les pieds & que les peuples adoraient comme un Dieu. J'ignore s'il eut la vérole, comme on l'a écrit. Tout ce que je fais, c'eft que la Signora Orfini fa fille ne l'eut point & qu'elle fut une très honorable Dame. Il faut toujours rendre juftice au beau fexe dans l'occafion.

DES ACQUISITIONS D'ALEXANDRE VI.

LA terre a retenti affez de la fimonie qui valut à ce Borgia la thiare ; des excès de fureur & de débauche dont fe fouillerent fes bâtards ; de fon incefte avec Lucrecia fa fille. Quelle Lucrecia! On fait qu'elle couchait avec fon frere & fon pere, & qu'elle avait des Evêques pour valets de chambre. On eft affez inftruit du beau feftin pendant lequel cinquante courtifanes nues ramaffaient des chataignes en variant leurs poftures pour amufer Sa Sainteté qui diftribua des prix aux plus vigoureux vainqueurs de ces Dames. L'Italie parle encor du poifon qu'on prétendit qu'il prépara pour quelques Cardinaux, & dont on croit qu'il mourut lui-même. Il ne refte rien de ces épouvantables horreurs que la mémoire; mais il refte encor des héritiers de ceux que fon fils & lui affaffinerent, ou étranglerent, ou empoifonnerent pour ravir leurs héritages. On connait le poifon dont ils fe fervaient, il s'appellait la cantarella. Tous les crimes de cette abominable famille font auffi connus que l'Evangile à l'abri duquel ces monftres les commettaient impunément. Il ne s'agit ici que des droits de plufieurs illuftres Maifons qui fubfiftent encor. Les Orfini,

les Colonnes foufriront-ils toujours que la Chambre Apoftolique leur retienne les héritages de leur
ancienne maifon?

Nous avons à Venife des Tiépolo qui defcen-
dent de la fille de Jean Sforce Seigneur de Pefaro
que Céfar Borgia chaffa de la Ville au nom du Pape fon pere. Il y a des Manfredi qui ont droit de
réclamer Faënza. Aftor Manfredi âgé de dix-huit
ans, rendit Faënza au Pape & fe remit entre les
mains de fon fils, à condition qu'on le laifferait
jouir du refte de fa fortune. Il était d'une extrême beauté; Céfar Borgia en devint éperdument a-
moureux; mais comme il était louche, ainfi que
tous fes portraits le témoignent, & que fes crimes
redoublaient encor l'horreur de Manfredi pour lui,
ce jeune homme s'emporta inprudemment contre
le raviffeur; Borgia n'en put jouir que par violence: enfuite il le fit jetter dans le Tibre avec la
femme d'un Caraccioli qu'il avait enlevée à fon é-
poux.

On a peine à croire de telles atrocités; mais s'il
eft quelque chofe d'avéré dans l'hiftoire, ce font
les crimes d'Alexandre VI. & de fa famille.

La maifon de Montefeltro n'eft pas encor étein-
te. Le Duché d'Urbin qu'Alexandre VI & fon fils
envahirent par la perfidie la plus noire & la plus
célébrée dans les livres de Machiavel, appartient
à ceux qui font entrés dans la maifon de Montefeltro, à moins que les crimes n'operent une prescription contre l'équité.

Jules Varano Seigneur de Camerino fut faifi par
Céfar Borgia dans le temps même qu'il fignait une
capitulation, & fut étranglé fur la place avec fes
deux fils. Il y a encor des Varano dans la Ro-

magne, c'eſt à eux ſans doute que Camerino appartient.

Tous ceux qui liſent, ont vu avec effroi dans Machiavel comment ce Céſar Borgia fit aſſaſſiner Vitellozzo Vitelli, Oliverrotto da Fermo, il ſignor Pagolo, & Franceſcos Orſini Duc de Gravina. Mais ce que Machiavel n'a point dit, & ce que les Hiſtoriens comtemporains nous apprennent, c'eſt que pendant que Borgia faiſait étrangler le Duc Gravina & ſes amis dans le château de Sinigaglia, le Pape ſon Pere faiſait arrêter le Cardinal Orſini, parent du Duc de Gravina, & confiſquait tous les biens de cette illuſtre maiſon. Le Pape s'empara même de tout le mobilier. Il ſe plaignit amérement de ne point trouver parmi ces effets une groſſe perle eſtimée deux mille ducats, & une caſſette pleine d'or qu'il ſavait être chez le Cardinal. La mere de ce malheureux prélat, âgée de quatre-vingts ans, craignant qu'Alexandre VI, ſelon ſa coutume, n'empoiſonnât ſon fils, vint en tremblant lui apporter la perle & la caſſette; mais ſon fils était déjà empoiſonné & rendait les derniers ſoupirs. Il eſt certain que ſi la perle eſt encor, comme on le dit, dans le tréſor des Papes, ils doivent en conſcience la rendre à la maiſon des Urſins, avec l'argent qui était dans la caſſette.

CONCLUSION.

APrès avoir rapporté dans la vérité la plus exacte tous ces faits dont on peut tirer quelques conſéquences & dont on peut faire quelque uſage honnête, je ferai remarquer à tous les intéreſſés qui pourront jetter les yeux ſur ces feuilles, que les Papes n'ont pas un pouce de terre en Souveraineté qui n'ait été acquis par des troubles ou par des fraudes. A l'égard des troubles il n'y a qu'à lire l'hiſtoire de l'Empire & les Juriſconſultes d'Allemagne. A l'égard des fraudes il n'y a qu'à jetter les yeux ſur la donation de Conſtantin & ſur les Décrétales.

La donation de la Comteſſe Mathilde au doux & modeſte Grégoire VII. eſt le titre le plus favorable aux Evêques de Rome. Mais en bonne foi ſi une femme à Paris, à Vienne, à Madrid, à Lisbonne deshéritait tous ſes parens & laiſſait tous ſes fiefs maſculins par teſtament à ſon confeſſeur avec ſes bagues & joyaux, ce teſtament ne ſerait-il pas caſſé ſuivant les loix expreſſes de tous ces Etats?

On nous dira que le Pape eſt au deſſus de toutes les loix, qu'il peut rendre juſte ce qui eſt injuſte, *poteſt de injuſtitia facere juſtitiam. Papa eſt ſupra jus, contra jus & extra jus;* c'eſt le ſentiment de Bellarmin (17), c'eſt l'opinion des théologiens Romains. A cela nous n'avons rien à répondre. Nous révérons le ſiege de Rome. Nous lui devons les indulgences, la faculté de tirer des ames du Purgatoire, la permiſſion d'épouſer nos belles-ſœurs & nos nieces l'une après l'autre, la canoniſation de St. Ignace, la ſureté d'aller en Paradis en portant le ſcapulaire; mais ces bienfaits ne ſont peut-être pas une raiſon pour retenir le bien d'autrui.

Il y a des gens qui diſent que ſi chaque Egliſe ſe gouvernait par elle-même ſous les loix de l'Etat; ſi on mettait fin à la ſimonie de payer des Annates pour un bénéfice; ſi un Evêque qui d'ordinaire n'eſt pas riche avant la nomination, n'était

tait

(1) De Romano Pontifice, Tom. I. Liv. 4.

tait pas obligé de se ruiner lui ou ses créanciers en
empruntant de l'argent pour payer ses bulles ; l'E-
tat ne serait pas appauvri à la longue par la sor-
tie de cet argent qui ne revient plus. Mais nous
laissons cette matiere à discuter par les Banquiers
en Cour de Rome.

Finissons par supplier encor le lecteur Chrétien
& Bénévole de lire l'Evangile, & de voir s'il y
trouvera un seul mot qui ordonne le moindre des
tours que nous avons fidélement rapportés. Nous
y lisons, il est vrai, *qu'il faut se faire des amis a-*
vec l'argent de la Mammone d'iniquité. Ah beatissi-
mo Padre, si cela est, rendez donc l'argent.

A Padore le 24 Juin 1768.

L'EPITRE AUX ROMAINS.

ARTICLE PREMIER.

ILLUSTRES Romains, ce n'est pas l'Apôtre Paul
qui a l'honneur de vous écrire, ce n'est pas ce digne Juif né à Tarsis selon les Actes des Apôtres,
& à Giscala selon Jérôme & d'autres Peres; dispute qui a fait croire selon quelques Docteurs qu'on
peut être né en deux endroits à la fois, comme il
y a chez vous de certains corps qui sont créés tous
les matins avec des mots Latins, & qui se trou-
vent en cent mille lieux au même instant.

Ce n'est pas cette tête chauve & chaude, au
long & large nez, aux sourcils noirs, épais &
joints, aux grosses épaules, aux jambes tor-

F

fes ; (18) lequel ayant enlevé la fille de Gamaliel
fon maître, & étant mécontent d'elle la premiere nuit de fes nôces, (19) la répudia & fe mit par
dépit à la tête du parti naiffant des difciples de
Jéfus, fi nous en croyons les livres Juifs contemporains.

Ce n'eft pas ce Saul Paul, qui lorfqu'il étoit do-
meftique de Gamaliel, fit maffacrer à coups de
pierres le bon Stephano, Patron des diacres &
des lapidés, & qui pendant ce temps gardait les
manteaux des bourreaux, digne emploi de Valet
de Prêtre. Ce n'eft pas celui qui tomba de cheval, aveuglé par une lumiere célefte en plein midi, & à qui Dieu dit en l'air, comme il le dit
tous les jours à tant d'autres, *pourquoi me perfécu-
tes-tu?* Ce n'eft pas celui qui écrivit aux demi-
Juifs, demi-Chrétiens, des boutiques de Corin-
the, *n'avons nous pas le droit d'être nourris à vos
dépens, & d'amener avec nous une femme* (20) *Qui
eft-ce qui va jamais à la guerre à fes dépens?* belles paroles dont le révérend Pere Menou Jéfuite,
Apôtre de Lorraine, a fi bien profité qu'elles lui
ont valu à Nancy vingt-quatre mille livres de rente, un Palais & plus d'une belle femme.

Ce n'eft pas celui qui écrivit au petit troupeau
de Theffalonique que *l'univers allait être détruit* (21),
moyennant quoi ce n'était pas la peine, *ce n'était
pas métier*, comme vous dites en Italie, de garder
de l'argent chez foi; car Paul difoit (22) „ aufli-

(18) *Voyez les Aêtes de Ste. Thecle, écrits dès le premier fiecle par
un difciple de St. Paul, reconnus pour Canoniques par Tertulien,
par St. Cyprien, par Grégoire de Naziance, St. Ambroife, &c.*
(19) *Anciens Aêtes des Apôtres.* Chap. XXI.
(20) *I. aux Corinthiens.* Chap. XIX. v. 4. & 5.
(21) *I. aux Theffal.* Chap. IV. v. 16. 17.
(22) *I. Theffal.* Chap. IV.

„ tôt que l'Archange aura crié , & que la trom-
„ pette de Dieu aura fonné , Jéfus defcendra du
„ Ciel. Les morts qui font à Chrift reffufciteront
„ les premiers, & nous qui vivons & qui vivrons
„ jufqu'à ce tems - là, nous ferons emportés dans
„ l'air au devant de Jéfus."

Et remarquez, généreux Romains, que Saul
Paul n'annonçait ces belles chofes aux Fripiers &
Epiciers de Theffalonique, qu'en conféquence de
la prédiction formelle de Luc, qui avait affuré publiquement, (23) c'eft-à-dire à quinze ou feize élus
de la populace, que la génération ne pafferait pas
fans que le fils de l'homme vint dans les nuées a-
vec une grande puiffance, & une grande majefté.
O Romains! fi Jéfus ne vint pas dans les nuées a-
vec une grande puiffance, du moins les Papes ont
eu cette grande puiffance, & c'eft ainfi que les
Prophéties s'accompliffent.

Celui qui écrit cette Epître aux Romains n'eft
pas encore une fois ce Saul Paul, moitié Juif,
moitié Chrétien, qui ayant prêché Jéfus & ayant
annoncé la deftruction de la loi Mofaïque, alla
non - feulement judaïfer dans le Temple de Hersha-
laïm nommée vulgairement Jérufalem; mais encore y obferver d'anciennes pratiques rigoureufes par
le confeil de fon ami Jacques ; (24) & qui fit précifément ce que la fainte Inquifition Chrétienne
punit aujourd'hui de mort.

Celui qui vous écrit n'a été ni valet de Prêtre,
ni meurtrier, ni gardeur de manteaux, ni Apoftat,
ni faifeur de tentes, ni englouti au fond de la mer
comme Jonas pendant vingt-quatre heures , ni

(23) *Luc.* Chap. XXI.
(24) *Actes* Chap. XXI.
(25) Chap. XVI. v. 37.

F 2

emporté au troifieme Ciel comme Elie , fans favoir ce que c'eft que ce troifieme Ciel.

Celui qui vous écrit eft plus citoyen que ce
Saul Paul, qui fe vante, dit-on, de l'être & qui
certainement ne l'était pas car s'il étoit de Tarfis, cette Ville ne fut colonie Romaine que fous
Caracalla; s'il était né à Gifcala en Galilée, ce
qui eft bien plus vraifemblable, puifqu'il étoit de
la Tribu de Benjamin, on fait affez que ce bourg
juif n'était pas une Ville Romaine; on fait que ni
à Tarfis, ni ailleurs on ne donnoit pas la bour-
geoifie romaine à des Juifs. L'auteur des Actes
des Apôtres (25) avance que ce Juif Paul & un autre Juif nommé Silas furent faifis par la juftice dans
la Ville de Philippe en Macédoine (Ville fondée
par le pere d'Alexandre, & près de laquelle la ba-
taille entre Caffius & Brutus d'un côté, & Antoine & Octave de l'autre, décida de votre Empire.)
Paul & Silas furent fouettés pour avoir ému la
populace; & Paul dit aux Huiffiers (26), *on nous a
fouettés nous qui fommes citoyens Romains.* Les
Commentateurs avouent bien que ce Silas n'était
pas citoyen Romain. Ils ne difent pas que l'auteur des Actes en a menti; mais ils conviennent
qu'il a dit la chofe qui n'eft pas; & j'en fuis fâché pour le St. Efprit qui a fans-doute dicté les
Actes des Apôtres.

Enfin celui qui écrit aux defcendans des Marcellus, des Scipions, des Catons, des Cicérons,
des Titus, des Antonins, eft un gentilhomme
Romain, d'une ancienne famille tranfplantée; mais
qui chérit fon antique Patrie, qui gémit fur elle,
& dont le cœur eft au Capitole.

(26) *Ibid.*

Romains, écoutez votre Concitoyen, écoutez Rome & votre ancien courage.

L'Italico valor non è ancor morta.

ARTICLE II.

J'Ai pleuré dans mon voyage chez vous, quand j'ai vu des Zocolanti occuper ce même Capitole où Paul-Emile mena le Roi Persée, le descendant d'Alexandre, lié à son char de triomphe; ce Temple où les Scipions firent porter les dépouilles de Carthage, où Pompée triompha de l'Asie, de l'Afrique & de l'Europe; mais j'ai versé des larmes plus ameres quand je me suis souvenu du festin que donna César à nos ancêtres servi à vingt-deux mille tables, & quand j'ai comparé ces Congiaria, les distributions immenses de froment avec le peu de mauvais pain que vous mangez aujourd'hui, & que la chambre Apostolique vous vend fort cher. Hélas! il ne vous est pas permis d'ensemencer vos terres sans les ordres de ces Apôtres; mais avec quoi les ensemenceriez-vous? Il n'y a pas un Citadin parmi vous excepté quelques habitans du quartier Transtevere qui possede une charrue. Votre Dieu a nourri cinq mille hommes sans compter les femmes & les enfans, avec cinq pains & deux gougeons selon St. Jean, & quatre mille hommes selon Matthieu (27). Pour vous, Romains, on vous fait avaler le gougeon sans vous donner

---

(27) *Matthieu au chap. XIV. compte cinq mille hommes & cinq pains, & au chap. XV. quatre mille hommes & cinq pains; apparemment ce sont deux miracles qui font en tout neuf mille hommes & neuf mille femmes pour le moins, & si vous y ajoutez neuf mille petits enfans, le tout se monte à vingt-sept mille dejeunés, cela est considérable.*

F 3

de pain, & les fucceffeurs de Lucullus font réduits
à la fainte pratique du jeune.

Votre climat n'a guères changé, quoi qu'on en
dife. Qui donc a pu changer à ce point votre terrein, vos fortunes & vos efprits? D'où vient que
la campagne depuis les portes de Rome à Oftie
n'eft remplie que de reptiles? Pourquoi de Mon-
tefiafcone à Viterbe, & dans tout le terrein par
lequel la voie Appienne vous conduit encore à Naples, un vafte, défert a-t-il fuccédé à ces campagnes autrefois couvertes de palais, de jardins,
de moiffons, & d'une multitude innombrable de
citoyens? J'ai cherché le Forum Romanum de
Trajan, cette place pavée de marbre en forme de
rézeau, entourée d'un périftile à colonnades, chargé de cent ftatues, j'ai trouvé Campo Vacino, le
marché aux vaches, & malheureufement aux vaches maigres & fans lait. J'ai dit, où font ces
deux millions de Romains dont cette capitale était
peuplée? j'ai vérifié qu'année commune il n'y naît
aujourd'hui que 3500 enfans; deforte que fans
les Juifs, les prêtres & les étrangers, Rome ne
contiendrait pas cent mille habitans. Je deman-
dais, à qui appartient ce bel édifice que je vois en-
touré de mafures, on me répondit, à des moines;
c'était autrefois la maifon d'Augufte, ici logeait
Cicéron, là demeurait Pompée: des couvens font
bâtis fur leurs ruines.

O Romains! mes larmes ont coulé, & je vous
eftime affez pour croire que vous pleurez avec moi.

ARTICLE III.

ON m'a fait comprendre qu'un vieux prêtre élû
Pape par d'autres prêtres, ne peut avoir ni le tems,

ni la volonté de foulager votre mifere. Il ne peut
fonger qu'à vivre. Quel intérêt prendroit · il aux
Romains ? Rarement eft - il Romain lui - même ?
Quel foin prendra - t - il d'un bien qui ne paffera
point à fes enfans ? Rome n'eft pas fon patrimoine
comme il était devenu celui des Céfars, c'eft un
bénéfice Eccléfiaftique : la Papauté eft une efpece
d'Abbaye commendataire, que chaque Abbé ruine
pendant fa vie : les Céfars avaient un intérêt réel
à rendre Rome floriffante, les Patriciens en avaient
un bien plus grand du tems de la République : on
n'obtenait les dignités qu'en charmant le peuple
par des bienfaits, en forçant fes fuffrages par
l'apparence des vertus, en fervant l'Etat par des
victoires ; un Pape fe contente d'avoir de l'argent, & du pain azîme, & ne donne que des bénédictions à ce peuple qu'on appellait autrefois *le*
peuple Roi.

Votre premier malheur vint de la tranflation du
fiege de l'Empire de Rome à l'extrémité de la
Thrace. Conftantin élu Empereur par quelques
cohortes barbares au fond de l'Angleterre, triompha de Maxence élu par vous. Maxence noyé
dans le Tibre au fort de la mêlée laiffa l'Empire à
fon concurrent ; mais le vainqueur alla fe cacher
au rivage de la mer noire ; il n'aurait pas fait pis
s'il avait été vaincu. Souillé de débauches & de
crimes, affaffin de fon beau - pere, de fon beaufrere, de fon neveu, de fon fils & de fa femme,
en horreur aux Romains, il abandonna leur ancienne Religion fous laquelle ils avaient conquis
tant d'Etats, & fe jetta dans les bras des Chrétiens, qui lui avaient fourni l'argent auquel il était
redevable du Diadême; ainfi il trahit l'Empire dès
qu'il en fut poffeffeur ; & en tranfplantant fur

F 4

le Bosphore ce grand arbre qui avait ombragé l'Europe, l'Afrique, & l'Asie Mineure, il en desfécha les racines. Votre seconde calamité fut cette maxime eccléfiastique, citée dans un poëme Français très-célebre intitulé le Lutrin ; mais trop férieufement véritable.

Abîme tout plutôt, c'est l'esprit de l'Eglise.

L'Eglise combattit l'ancienne Religion de l'Empire en déchirant elle-même fes entrailles, en fe divifant avec autant de fureur que d'imprudence, fur cent queftions incompréhenfibles dont on n'avait jamais entendu parler auparavant. Les fectes Chrétiennes fe pourfuivant l'une l'autre à feu & à fang pour des chimeres métaphyfiques, pour des fophifmes de l'école, fe réuniffaient pour ravir les dépouilles des prêtres fondés par Numa ; ils ne fe donnerent point de repos qu'ils n'euffent détruit l'autel de la Victoire dans Rome.

St. Ambroife de foldat devenu Evêque de Milan fans avoir feulement été Diacre, & votre Damafe, devenu par un fchifme Evêque de Rome, jouïrent de ce funefte fuccès. Ils obtinrent qu'on démolît l'autel de la Victoire élevé dans le Capitole depuis près de huit cents ans, monument du courage de vos ancêtres, qui devait perpétuer la valeur de leurs defcendans. Il s'en faut bien que la figure emblématique de la Victoire fût une idolâtrie comme celle de votre Antoine de Padoue, qui *exauce ceux que Dieu n'exauce pas* ; celle de François d'Affife, qu'on voyait dans l'Eglise de Rheims en France avec cette infcription, *à François & Jéfus tous deux crucifiés* : celle de Saint Crépin, de Ste. Barbe, & tant d'autres, & le fang d'une vingtaine de Saints qui fe liquéfie dans Naples à jour nommé, à la tête defquels eft le patron *Gennaro* inconnu au refte de la terre, & le prépuce & le nombril de Jéfus, & le lait de fa mere, & fon poil, & fa chemife, fuppofé qu'elle en eût, & fon cotillon. Voilà des idolâtries auffi plattes qu'avérées; mais pour la Victoire pofée fur un globe & déployant fes aîles, une épée dans la main, & des lauriers fur la tête, c'était la noble dévife de l'Empire Romain, le fymbole de la vertu. Le fanatifme vous enleva ce gage de votre gloire.

De quel front ces nouveaux énergumenes ont-ils ofé fubftituer des Rochs, des Fiacres, des Euftaches, des Urfules, des Nicaifes, des Scholaftiques, à Neptune qui préfidait aux mers, à Mars le Dieu de la guerre, à Junon Dominatrice des airs fous l'empire du grand Zeus, de l'éternel Demiourgos, maître des élémens, des Dieux & des hommes? Mille fois plus idolâtres que vos ancêtres, ces infenfés vous ont fait adorer des os de morts. Ces plagiaires de l'antiquité ont pris l'eau luftrale des Romains & des Grecs, leurs proceffions, la confeffion pratiquée dans les myfteres de Cérès & d'Ifis, l'encens, les libations, les hymnes, tout jufqu'aux habits des prêtres. Ils dépouillèrent l'ancienne Religion & fe parerent de fes vêtemens. Ils fe profternent encore aujourd'hui devant des ftatues & des images d'hommes ignorés, en reprochant continuellement aux Périclès, aux Solons, aux Miltiades, aux Cicérons, aux Scipions, aux Catons d'avoir fléchi les genoux devant les emblêmes de la Divinité.

Que dis-je! y a-t-il un feul événement dans

l'ancien & le nouveau Teſtament qui n'ait é
copié des anciennes mithologies Indiennes, C
déennes, Egyptiennes, & Grecques? Le ſacrifi
d'Idoménée n'eſt-il pas viſiblement l'origine
celui de Jephté? La biche d'Iphigénie n'eſt-el
pas le bélier d'Iſaac? Ne voyez-vous pas Euryd
ce dans Edith, femme de Loth? Minerve &
cheval Pégaze en frappant des rochers en fire
ſortir des fontaines; on attribue le même prodi
à Moyſe; Bacchus avait paſſé la mer rouge à pie
ſec avant lui, & il avait arrêté le ſoleil & la L
ne avant Joſué. Mêmes fables, mêmes extrav
gances de tous les côtés.

Il n'y a pas un ſeul fait miraculeux dans les
vangiles que vous ne trouviez dans des Ecrivai
bien antérieurs. La Nymphe Amalthéé avoit
corne d'abondance avant qu'on eut dit que Jéſ
avait nourri cinq mille hommes, ſans compter l
femmes, avec deux poiſſons. Les filles d'Ani
avaient changé l'eau en vin & en huile quand o
n'avait pas encore parlé des noces de Cannaa. A
lide, Hippolite, Alceſte, Pélops, Herès étaie
reſſuſcités quand on ne parlait pas encore de la r
ſurrection de Jéſus; & Romulus était né d'un
Veſtale plus de ſept cents ans avant que Jéſus pa
ſût pour être né d'une Vierge. Comparez & juge

ARTICLE IV.

Quand on eut détruit votre Autel de la Victo
re, les Barbares vinrent, qui acheverent ce qu
les Prêtres avoient commencé. Rome devint
proie & le jouët des nations qu'elle avait ſi lon
tems ou gouvernées, ou réprimées.

Toutefois vous aviez encor des Confuls, un Sénat des loix municipales; mais les Papes vous ont ravi ce que les Huns, les Hérules, les Goths vous avaient laiſſé.

Il était inoui qu'un Prêtre oſât affecter les droits régaliens dans aucune Ville de l'Empire. On fait aſſez dans toute l'Europe, excepté dans votre Chancellerie, que juſqu'à Grégoire ſept, votre Pape n'était qu'un Évêque Métropolitain, toujours ſoumis aux Emperenrs Grecs, puis aux Empereurs Francs, puis à la maiſon de Saxe, recevant d'eux l'inveſtiture, obligés d'envoyer leur profeſſion de foi à l'Evêque de Ravenne & à celui de Milan, comme on le voit expreſſément dans votre Diarium Romanum. Son titre de Patriarche en Occident lui donnoit un très grand crédit, mais aucun droit à la ſouveraineté. Un Prêtre Roi était un blaſphême dans une Religion dont le fondateur a dit en termes exprès dans l'Evangile, *il n'y aura parmi vous ni premier, ni dernier.* Romains, peſez bien ces autres paroles qu'on met dans la bouche de Jéſus: (28) *Il ne dépend pas de moi de vous mettre à ma droite ou à ma gauche, mais ſeulement de mon pere, &c.* Sachez d'ailleurs que tous les Juifs appelloient & qu'ils appellent encore fils de Dieu un homme juſte: demandez-le aux huit mille Juifs qui vendent des haillons parmi vous, comme ils en ont toujours vendu, & obſervez avec toute votre attention les paroles ſuivantes: *que celui qui voudra devenir grand parmi vous ſoit réduit à vous ſervir. Le Fils de l'homme n'eſt pas venu pour être ſervi mais pour ſervir* (29).

(28) *Matthieu* Chap. XX. v. 23.
(29) *Matthieu* Chap. XX. v. 26. 27. & 28.

En vérité ces mots clairs & précis fignifient-
ils, que le Pape Boniface huit a dû écrafer la maifon Colonne? qu'Alexandre VI a dû empoifonner, affaffiner tant de Barons Romains? & qu'enfin l'Evêque de Rome a reçu de Dieu dans des
tems d'anarchie le Duché de Rome, celui de Ferrare, le Bolonnais, la Marche d'Ancone, le Duché de Caftro & Ronciglione, & tout le pays depuis Viterbe jufqu'à Terracine, contrées ravies à
leurs légitimes poffeffeurs? Romains, feroit-ce
pour le feul Rezzonico que Jéfus aurait été envoyé de Dieu fur la terre?

ARTICLE V.

Vous m'allez demander par quels refforts cette
étrange révolution s'eft pu opérer contre toutes
les loix divines & humaines? Je vais vous le dire, & je défie le plus emporté fanatique, auquel
il reftera une étincelle de raifon, & le plus déter-
miné fripon qui aura confervé dans fon ame un
refte de pudeur, de réfifter à la force de la vérité, s'il lit avec l'attention que mérite un examen fi important.

Il eft certain & perfonne n'en doute, que les
premieres fociétés Galiléennes, nommées depuis
Chrétiennes, furent cachées dans l'obfcurité &
ramperent dans la fange; il eft certain que lorfque
les Chrétiens commencerent à écrire, ils ne con-
fioient leurs livres qu'à des initiés à leurs myfteres; on ne les communiquait pas même aux Catéchumenes, encore moins aux partifans de la
Religion Impériale. Nul Romain ne fut jufqu'à
Trajan qu'il y avait des Evangiles; aucun Auteur
Grec ou Romain n'a jamais cité ce mot *Evan-*

file; Plutarque, Lucien, Pétrone, Apulée qui parlent de tout, ignorent abfolument qu'il y eût des Evangiles; & cette preuve parmi cent autres preuves démontre l'abfurdité des Auteurs qui prétendent aujourd'hui, ou plutôt qui feignent de prétendre que les difciples de Jéfus moururent pour foutenir la vérité de ces Evangiles dont les Romains n'entendirent jamais parler pendant deux cents années. Les Galiléens demi-juifs, demi-chrétiens, féparés des difciples de Jean, des Thérapeutes, des Efféniens, des Judaïtes, des Hérodiens, des Saducéens & des Pharifiens, groffirent leur petit troupeau dans le bas peuple, non pas affurément par le moyen des livres, mais par l'afcendant de la parole, mais en catéchifant des femmes, (30) des filles, des enfans, mais en courant de Bourgade en Bourgade; en un mot comme toutes les fectes s'établiffent.

En bonne foi, Romains, qu'auroient répondu vos ancêtres fi St. Paul, ou Simon Barjone, ou Matthias, ou Matthieu, ou Luc avoient comparu devant le Sénat, s'ils avaient dit; notre Dieu Jéfus qui a paffé toute fa vie pour le fils d'un charpentier, eft né l'an 752 de la fondation de Rome, fous le gouvernement de Cirénius (31), dans un village Juif nommé Bethléem, où fon pere Jofeph & fa mere Mariah étaient venus fe faire infcrire, quand Augufte ordonna le dénombrement de l'Univers. Dieu nâquit dans une étable entre un bœuf & un âne (32); les Anges defcendirent

(30) *Actes chap. XVI. y. 13. & 14.*
(31) *Luc. chap. II. vs. 1. 2. 3. &c.*
(32) *Il eft reçu dans toute la chrétienté que Jéfus nâquit entre un bœuf & un âne; cependant il n'en eft pas dit un mot dans les Evangiles: C'eft une imagination de Juftin: Lactance en parle, ou du moins l'Auteur d'un mauvais poëme fur la paffion attribué à ce Lactance.*

du Ciel à fa naiffance, & en avertirent tous les
payfans; une étoile nouvelle éclata dans les Cieux
& conduifit vers lui trois Rois ou trois Mages
d'Orient; qui lui apporterent en tribut de l'encens, de la mirrhe & de l'or; & malgré cet or
il fut pauvre toute fa vie. Hérode, qui fe mou-
roit alors, Hérode que vous aviez fait Roi, ayant
appris que le nouveau né était Roi des Juifs, fit
égorger quatorze mille enfans nouveaux nés des
environs, afin que ce Roi fût compris dans leur
nombre (33). Cependant un de nos écrivains infpi-
rés de Dieu dit (34) que l'enfant Dieu & Roi s'enfuit en Egypte, & un autre écrivain non moins
infpiré de Dieu dit que l'enfant refta à Bethléem
(35): un des mêmes écrivains facrés & infaillibles
lui fait une généalogie Royale; un autre écrivain
facré lui compofa une généalogie royale entiérement
contraire. Jéfus prêche des payfans: Jéfus garçon de la nôce change l'eau en vin pour des payfans déjà yvres (36). Jéfus eft emporté par le Diable, fur une montagne, Jéfus chaffe des Diables
& les envoie dans le corps de deux mille cochons dans la Galilée ou il n'y eut jamais de cochons. Jéfus dit des injures atroces aux Magistrats. Le Préteur Pontius le fait pendre. Il manifefte fa divinité fitôt qu'il eft pendu, la terre
tremble, tous les morts fortent de leurs tom-
beaux, & fe promenent dans la Ville aux yeux
de Pontius. Il fe fait une éclipfe centrale du
Soleil en plein midi, dans la pleine lune; quoi-

Hi mihi fufa dedit bruta inter inertia primum.
Arida in anguftis prefepibus herba cubile.
(33) *Matthieu chap. II. vs.* 16.
(34) *Matthieu chap. I. vs.* 14.
(35) *Luc chap. II. vs.* 39.
(36) *Jean chap. II. vs.* 10.

que la chofe foit impoſſible. Jéſus reſſuſcite ſecret-
tement, monte au Ciel, & envoie publiquement
un autre Dieu, qui tombe en pluſieurs langues de
feu ſur les têtes de ſes diſciples. Que ces mêmes
langues tombent ſur vos têtes, peres conſcrits,
faites-vous Chrétiens.

Si le moindre huiſſier du Sénat avait daigné répondre à ce diſcours, il leur aurait dit, Vous êtes
des fourbes inſenſés, qui méritez d'être renfermés
dans l'hôpital des foux. Vous en avez menti
quand vous dites que vôtre Dieu nâquit en l'an de
Rome ſept cents cinquante-deux, ſous le gouvernement de Cirénius Proconſul de Syrie; Cirénius
ne gouverna la Syrie que plus de dix ans après;
nos régiſtres en font foi: c'était Quintilius Varus,
qui était alors Proconſul de Syrie.

Vous en avez menti quand vous dites qu'Auguſte ordonna le dénombrement de l'*Univers*. Vous
êtes des ignorans qui ne ſavez pas qu'Auguſte n'é-
tait pas le maître de la dixieme partie de l'Univers. Si vous entendez par l'Univers l'Empire
Romain, ſachez que ni Auguſte, ni perſonne n'a
jamais entrepris un tel dénombrement. Sachez
qu'il n'y eut qu'un ſeul cens des citoyens de Rome & de ſon territoire ſous Auguſte, & que ce
cens ſe monta à quatre millions de citoyens, & à
moins que votre charpentier Joſeph & ſa femme
Mariah n'aient fait votre Dieu dans un fauxbourg
de Rome, & que ce charpentier Juif n'ait été
un citoyen Romain, il eſt impoſſible qu'il ait été
dénombré.

Vous en avez ridiculement menti avec vos trois
Rois & la nouvelle étoile, & les petits enfans
maſſacrés, & avec vos morts reſſuſcités & mar-
chant dans les rues à la vue de Pontius Pilatus, qui

ne nous en a jamais écrit un feul mot &c. &c.

Vous en avez menti avec votre éclipſe du Soleil en pleine lune; notre Préteur Pontius Pilatus
nous en aurait écrit quelque choſe, & nous aurions été témoins de cette éclipſe avec toutes les
nations de la terre. Retournez à vos travaux jour-
naliers, payſans fanatiques, & rendez graces au
Sénat, qui vous mépriſe trop pour vous punir.

ARTICLE VI.

IL eſt clair que les premiers Chrétiens demi-
Juifs, ſe garderent bien de parler aux Sénateurs
de Rome, ni à aucun homme en place, ni à aucun citoyen au-deſſus de la lie du peuple. Il
eſt avéré qu'ils ne s'adreſſerent qu'à la plus vile
canaille; c'eſt devant elle qu'ils ſe vanterent de
guérir les maladies des nerfs, les épilepſies, les
convulſions de matrice, que l'ignorance regardait
par-tout comme des ſortileges, comme des obſeſ-
ſions des mauvais génies, chez les Romains ainſi
que chez les Juifs, chez les Egyptiens, chez les
Grecs, chez les Syriens. Il était impoſſible qu'il
n'y eût quelque malade de guéri; les uns l'étaient
au nom d'Eſculape, & l'on a même retrouvé depuis peu à Rome un Monument d'un miracle d'E-
ſculape avec les noms des témoins: les autres
étoient guéris au nom d'Iſis ou de la Déeſſe de
Syrie, les autres au nom de Jéſu &c. La canaille guéri en ce nom croyait à ceux qui l'annonçaient.

ARTICLE VII.

LEs Chrétiens s'établiſſaient parmi le peuple par
ce

ce moyen qui féduit toujours le vulgaire ignorant: ils avaient encor un reſſort bien plus puiſſant ; ils déclamaient contre les riches, ils prêchoient la communauté des biens; dans leurs aſſociations ſecrettes, ils engageoient leurs Néophites à leur donner le peu d'argent gagné à la ſueur de leur front ; ils citaient le prétendu exemple de Saphira & d'Anania, (37) que Simon Barjone ſurnommé Céphas, qui ſignifie Pierre avait fait mourir de mort ſubite pour avoir gardé un écu, premier & déteſtable exemple des rapines Eccléſiaſtiques.

Mais ils n'auroient pu parvenir à tirer ainſi l'argent de leurs Néophites, s'ils n'avoient prêché la doctrine des Philoſophes Cyniques, qui était l'eſprit de déſappropriation ; cela ne ſuffiſait pas encor pour établir un troupeau nombreux ; il y avoit longtems que la fin du monde était annoncée ; vous la trouverez dans Epicure, dans Lucrece ſon plus illuſtre diſciple: Ovide du temps d'Auguſte avait dit:

Eſſe quoque in fatis meminiſceret adſore tempus,
Quo mare, quo tellus, correptaque regia cœli
Ardeat & mundi moles operoſa laboret.

Selon les autres un concours fortuit d'atômes avait formé le monde, un autre concours fortuit devait le démolir.

Quod ſupereſt nunc me huc rationum detulit ordo
Ut mihi, mortali, conſiſtere corpore mundum
Nativumque ſimul ratio reddunda ſit eſſe.

Cette opinion venait originairement des Bracmanes de l'Inde ; pluſieurs Juifs l'avaient embraſſée du tems d'Hérode ; elle eſt formellement dans l'E-

(37) *Actes chap. V. ꝟ. 1. juſqu'au 11.*

G

vangile de Luc, comme vous l'avez vu ; elle eſt
dans les Epitres de Paul, elle eſt dans tous ceux
qu'on appelle Peres de l'Egliſe. Le monde alloit
donc être détruit ; les Chrétiens annonçaient une
nouvelle Jéruſalem, qui paraiſſoit dans les airs pendant la nuit (38). On ne parlait chez les Juifs que
d'un nouveau Royaume des Cieux, c'était le ſyſtême de Jean-Baptiſte, qui avoit remis en vogue
dans le Jourdain l'ancien Batême des Indiens dans
le Gange, batême reçu chez les Egyptiens, batême adopté par les Juifs. Ce nouveau royaume
des Cieux où les ſeuls pauvres devoient aller, &
dont les riches étaient exclus, fut prêché par Jéſus
& ſes adhérans ; on menaçait de l'enfer éternel ceux
qui ne croiraient pas au nouveau Royaume des
Cieux : cet enfer inventé par le premier Zoroaſtre
fut enſuite un point principal de la Théologie E-
gyptienne ; c'eſt d'elle que vinrent la barque à Ca-
ron, Cerbere, le fleuve Léthé, le Tartare, les
Furies ; c'eſt d'Egypte que cette idée paſſa en
Grece, & de-là chez les Romains ; les Juifs ne la
connurent jamais juſqu'au temps où les Phariſiens
la prêcherent un peu avant le regne d'Hérode ;
une de leurs contradictions était d'admettre un enfer en admettant la Métempſycoſe ; mais peut-on
chercher du raiſonnement chez les Juifs ? Ils n'en
ont jamais eu qu'en fait d'argent. Les Saddu-
céens, les Samaritains rejetterent l'immortalité de
l'ame, parce qu'en effet elle n'eſt dans aucun endroit de la Loi Moſaïque.

Voilà donc le grand reſſort dont les premiers
Chrétiens tous demi-Juifs ſe ſervirent pour donner de l'activité à la machine nouvelle, commu-

(38) *Voyez l'Apocalypſe attribuée à Jean, & Juſtin & Tertullien.*

hauté de biens , repas fecrets , myfteres cachés , Evangiles lus aux feuls iniciés , paradis aux pauvres , enfer aux riches , exorcifmes de charlatans ; voilà , dis-je , dans l'exacte vérité les premiers fondemens de la fecte chrétienne. Si je me trompe , ou plutôt fi je veux tromper , je prie le Dieu de l'Univers , le Dieu de tous les hommes , de fécher ma main qui écrit ce que je penfe , de foudroyer ma tête convaincue de l'exiftence de ce Dieu bon & jufte , de m'arracher un cœur qui l'adore.

ARTICLE VIII.

ROmains, développons maintenant les artifices, les fourberies, les actes de fauffaires que les Chrétiens eux-mêmes ont appellés fraudes pieufes, fraudes qui vous ont enfin couté votre liberté & vos biens, & qui ont plongé les vainqueurs de l'Europe dans l'efclavage le plus déplorable. Je prends encor Dieu à témoin, que je ne vous dirai pas un feul mot qui ne foit prouvé. Si je voulois employer toutes les armes de la raifon contre le fanatifme , tous les traits perçants de la vérité contre l'erreur, je vous parlerais d'abord de cette quantité prodigieufe d'Evangiles, qui tous fe font contredits & qu'aujourd'hui vos Papes même reconnaiffent pour faux: ce qui démontre qu'au moins il y a eu des fauffaires parmi les premiers Chrétiens; mais c'eft une chofe affez connue. Il faut vous montrer des impoftures plus communément ignorées, & mille fois plus funeftes.

PREMIERE IMPOSTURE.

C'Eſt une ſuperſtition bien ancienne que les dernieres paroles des vivans étaient des prophéties, ou du moins des maximes ſacrées, des préceptes reſpectables. On croyait que l'ame prête à ſe dégager des liens du corps & à moitié réunie avec la divinité, voyait l'avenir & la vérité, qui ſe montraient alors ſans nuage. Suivant ce préjugé, les Judeo - Chriſticoles forgent dès le premier ſiecle de l'Egliſe, *le Teſtament des douze Patriarches*, écrit en Grec, qui doit ſervir de prédiction & de préparation au nouveau royaume de Jéſus. On trouve dans le teſtament de Ruben ces paroles : *Proskuneiſetai tou ſpermati autou ; oti uper umon apodaneitai, en polemois oratois, kai aoratois, kai eſtai en umon baſileus aiônon.* Adorez ſon ſperme. Car il mourra pour vous dans des guerres viſibles, & inviſibles & il ſera votre Roi éternellement. On applique cette prophétie à Jéſus ſelon la coutume de ceux qui écrivirent cinquante quatre Evangiles en divers lieux, & qui preſque tous tâcherent de trouver dans les écrivains Juifs, & ſurtout dans ceux qu'on appelle Prophêtes, des paſſages qu'on pouvait tordre en faveur de Jéſus ; ils en ſuppoſerent même pluſieurs évidemment reconnus pour faux. L'Auteur de ce Teſtament des Patriarches eſt donc le plus effronté, & le plus mal adroit fauſſaire qui ait jamais barbouillé du papier d'Egypte : car ce livre fut écrit dans Alexandrie, dans l'école d'un nommé Marc.

SECONDE IMPOSTURE.

ILs fuppoferent des lettres d'un Roi d'Edeffe à Jéfus, & de Jéfus à ce prétendu Prince, tandis qu'il n'y avait point de Roi à Edeffe, ville foumife au gouvernement de Syrie, & que jamais le petit Prince d'Edeffe ne prit le titre de Roi; tandis qu'enfin il n'eft dit dans aucun Evangile que Jéfus fût écrire; tandis que s'il avoit écrit, il en aurait laiffé quelque témoignage à fes difciples. Auffi ces prétendues lettres font aujourd'hui déclarées actes de fauffaires par tous les favans.

TROISIEME IMPOSTURE PRINCIPALE,

Qui en contient plufieurs.

ON forge des Actes de Pilate, des lettres de Pilate, & jufqu'à une hiftoire de la femme de Pilate; mais furtout les lettres de Pilate font curieufes; les voici.

„ Il eft arrivé depuis peu, & je l'ai vérifié,
„ que les Juifs par leur envie fe font attiré une
„ cruelle condamnation; leur Dieu leur ayant pro-
„ mis de leur envoyer fon Saint du haut du Ciel,
„ qui ferait leur Roi à bien jufte titre, & ayant
„ promis qu'il ferait fils d'une Vierge; le Dieu
„ des Hébreux l'a envoyé en effet, moi étant
„ Préfident en Judée. Les principaux des Juifs
„ me l'ont dénoncé comme un Magicien, je l'ai
„ cru, je l'ai bien fait fouëtter; je le leur ai
„ abandonné, ils l'ont crucifié; ils ont mis des
„ gardes auprès de fa foffe; il eft reffufcité le
„ troifieme jour.

Je joins à cette fuppofition celle du refcrit de

Tibere au Sénat, pour mettre Jésus au rang des Dieux de l'Empire, & les ridicules lettres du Philosophe Séneque à Paul, & de Paul à Séneque, écrites en un latin barbare; & les lettres de la Vierge Marie à St. Ignace, & tant d'autres fictions grossieres dans ce goût: je ne veux pas trop étendre ce dénombrement d'impostures, dont la liste vous effrayerait, si je les comptois une à une.

QUATRIEME IMPOSTURE.

LA supposition la plus hardie. peut-être & la plus grossiere est celle des prophéties attribuées aux Sibilles qui prédisent l'incarnation de Jésus, ses miracles & son supplice en vers acrostiches: Ces bêtises ignorées des Romains étaient l'aliment de la foi des Catéchumenes. Elles ont eu cours pendant huit siecles parmi nous, & nous chantons encor dans une de nos hymnes, *teste David cum Sibilla*, témoin David & la Sibille.

Vous vous étonnez, sans-doute, qu'on ait pu adopter si longtems ces méprisables facéties, & mener les hommes avec de pareilles brides; mais les Chrétiens ayant été plongés quinze cents ans dans la plus stupide barbarie, les livres étant très-rares, les Théologiens étant très fourbes, on a tout osé dire à des malheureux capables de tout croire.

CINQUIEME IMPOSTURE.

ILlustres & infortunés Romains, avant d'en venir aux funestes mensonges qui vous ont coûté votre liberté, vos biens, votre gloire, & qui vous ont mis fous le joug d'un prêtre , & avant de vous parler du prétendu Pontificat de Simon Bar-jone, qui fiégea ; dit-on, à Rome pendant vingt-cinq années, il faut que vous foyez inftruits des *Conftitutions Apoftoliques*, c'eft le premier fonde-ment de cette hiérarchie qui vous écrafe au-jourd'hui.

Au commencement du fecond fiecle il n'y avoit point de furveillant, d'Epifcopos, d'Evêque, revê-tu d'une dignite réelle pour fa vie, attaché irrévoca-blement à un certain fiege, & diftingué des au-tres hommes par fes habits ; tous les Evêques mê-me furent vêtus comme les Laïques jufqu'au mi-lieu du cinquieme fiecle. L'affemblée était dans la falle d'une maifon retirée. Le Miniftre était choifi par les initiés, & exerçait tant qu'on était content de fon adminiftration. Point d'Autel, point de cierge, point d'encens : les premiers Pe-res de l'Eglife ne parlent qu'avec horreur des Au-tels & des Temples (39). On fe contentait de faire des collectes d'argent, & de fouper enfemble. La fociété chrétienne s'étant fecrétement multipliée, l'ambition voulut faire une hiérarchie ; com-ment s'y prend-on? Les frippons qui conduifaient les enthoufiaftes leur font accroire qu'ils ont dé-couvert les conftitutions Apoftoliques écrites par St. Jean & par St. Matthieu, *quæ ego Matthæus & Johannes vobis tradidimus* (40). C'eft là qu'on fait dire à Matthieu: *Gardez vous de juger votre Evêque ; car il n'eft donné qu'aux prêtres d'être ju-ges* (41). C'eft là que Matthieu & Jean difent ; *autant que l'ame eft au-deffus du corps, autant le Sa-*

(39) *Juftin. Tertullien.*
(40) *Conftitutions Apoftoliq. Liv. II. chap. LVII.*
(41) *Liv. II. chap. XXXVI.*

G 4

cerdoce l'emporte fur la Royauté: regardez votre E-
vêque comme un Roi, comme un maître abfolu,
Dominum: *donnez-lui vos fruits, vos ouvrages,*
vos prémices, vos décimes, vos épargne, les pré-
mices, les décimes de votre vin, de votre huile,
de vos bleds &c. (42). *Que l'Evêque foit un Dieu*
pour vous, & le Diacre un Prophête (43). *Dans les*
feftins que le Diacre ait double portion, & le prêtre
le double du Diacre, & s'ils ne font pas à table
qu'on envoie les portions chez eux (44).

Vous voyez, Romains, l'origine de l'ufage où
vous êtes de mettre la nappe pour donner des in-
digeftions à vos Pontifes; & plût à Dieu qu'ils ne
s'en fuffent tenus qu'au péché de la gourmandife!

Au refte d ns cette impofture des conftitutions
des Apôtres, remarquez bien attentivement que
c'eft un monument authentique dés dogmes du fecond fiecle, & que cet ouvrage de fauffaire rend
hommage à la vérité en gardant un filence abfolu
fur des innovations qu'on ne pouvait prévoir, &
dont vous avez été inondés de fiecle en fiecle.
Vous ne trouverez dans ce Monument du fecond
fiecle ni Trinité, ni confubftantialité, ni tran-
fubftantiation, ni confeffion auriculaire. Vous n'y
verrez point que la mere de Jéfus foit mere de
Dieu, que Jéfus eût deux natures & deux volontés, que le St. Efprit procede du Pere & du Fils.
Tous ces finguliers ornemens de fantaifie, étrangers
à la Religion de l'Evangile, ont été ajoutés depuis
au bâtiment groffier que le fanatifme & l'ignorance élevaient dans les trois premiers fiecles.

Vous y trouverez bien trois perfonnes, mais

(42) *Liv. II. chap. XXXIV.*
(43) *Liv. II. chap. XXX.*
(44) *Liv. II. chap. XXXVII.*

jamais trois perſonnes en un ſeul Dieu. Liſez avec la ſagacité de votre eſprit, ſeule richeſſe que vos tyrans vous ont laiſſée; liſez la priere commune que les Chrétiens faiſaient dans leurs aſſemblées au ſecond ſiecle par la bouche de l'Epiſcope.

„ O DIEU Tout-Puiſſant, inengendré, inac-
„ ceſſible, ſeul vrai Dieu, & Pere de Chriſt ton
„ fils unique, Dieu au Paraclet, Dieu de tous,
„ toi qui as conſtitué Docteurs les Diſciples par
„ Chriſt &c. (45).

Voilà clairement un ſeul Dieu qui commande à Chriſt & au Paraclet. Jugez ſi cela reſſemble à la Trinité, à la Conſubſtantialité, établie depuis à Nicée, malgré la réclamation conſtante de dix-huit Evêques & de deux mille prêtres (46).

Dans un autre endroit, le même Auteur, qui eſt probablement un Evêque ſecret des Chrétiens à Rome, dit formellement, le Pere eſt Dieu par deſſus tout (47).

C'était la doctrine de Paul, qui éclate en tant d'endroits de ſes Epitres. *Ayons la paix en Dieu par notre Seigneur Jéſus-Chriſt.* (48).

Nous avons été réconciliés avec Dieu par la mort du fils. (49).

Si par le péché d'un ſeul pluſieurs ſont morts, le don de Dieu s'en eſt plus répandu, graces à un ſeul homme, qui eſt Jéſus-Chriſt. (50).

Nous ſommes héritiers de Dieu, & cohéritiers de Jéſus-Chriſt. (51).

---

(45) *Conſtit. Apoſt. Liv. VIII. chap. VI.*
(46) *Voyez l'hiſtoire de l'Egliſe de Conſtantinople & d'Alexandrie, Bibliothèque Bodléenne.*
(47) *Conſtit. Apoſt. Liv. III. Chap. XI.*
(48) *Epit. aux Rom. Chap. V.*
(49) *Idem.* (50) *Idem.*
(51) *Chap. VIII.*

Supportez vous les uns les autres comme Jéfus vous a fupportés pour la gloire de Dieu. (52).

A Dieu le feul fage honneur & gloire par Jéfus-Chrift (53)

Jéfus nous a été donné de Dieu. (54)

Que le Dieu de Notre Seigneur Jéfus-Chrift, le pere de gloire, vous donne l'efprit de fageffe (55).

C'eft ainfi que le Juif Chrétien Saül-Paul s'explique toujours, c'eft ainfi qu'on fait parler Jéfus lui-même dans les Evangiles (56), *Mon pere eft plus grand que moi;* c'eft-à-dire, Dieu fait ce que les hommes ne peuvent faire; car tous les Juifs en parlant de Dieu, difaient mon pere.

La patenotre commence par ces mots, *notre Pere.* Jefus dit: *nul ne le fait que le pere. Nul autre que mon pere ne fait ce jour, pas même les Anges*(57). *Cela ne dépend pas de moi, mais feulement de mon pere* (58). Il eft encor très remarquable que Jéfus craignant d'être appréhendé au corps, & fuant de peur fang & eau, s'écria, *mon pere que ce calice s'éloigne de moi* (59). C'eft ce qu'un poliffon de nos jours appelle mourir en Dieu. Enfin aucun Evangile ne lui a mis dans la bouche ce blafphême, qu'il était Dieu, confubftantiel à Dieu.

Romains, vous m'allez demander, pourquoi, comment on en fit un Dieu dans la fuite des temps? Et moi je vous demande pourquoi & comment on fit des Dieux de Bacchus, de Perfée, d'Hercule, de Romulus? encor ne pouffa-t-on

---

(52) *Chap. XV.*   (53) *Chap. XVI.*
(54) *Epitre aux Galates chap. I.*
(55) *Epit. aux Ephefiens chap. I.*
(56) *Jean chap XIV. vs. 28.*
(57) *Matth. chap. XXIV. vs. 36.*
(58) *Matth. chap. XX. vs. 23.*
(59) *Luc. chap. XXII. vs. 44.*

pas le facrilege jufqu'à leur donner le titre de Dieu
Suprême, de Dieu Créateur; ce blafphême était
réfervé pour la feête échappée de la feête Juive.

SIXIEME IMPOSTURE PRINCIPALE.

JE paffe fous filence les innombrables impoftures
des voyages de Simon Barjone, de l'Evangile de
Simon Barjone, de fon Apocalypfe, de l'Apocalypfe de Cérinthe ridiculement attribuée à Jean,
des Epitres de Barnabé, de l'Evangile des douze
Apôtres, de leurs liturgies, des Canons du Concile des Apôtres, de la Confeétion du Credo par
les Apôtres, les voyages de Matthieu, les voyages de Thomas, & de tant de rêveries reconnues
enfin pour être de la main d'un fauffaire, qui les
fit paffer fous des noms révérés des Chrétiens.

Je n'infifterai pas beaucoup fur le Roman du
prétendu Pape St. Clément, qui fe dit fucceffeur
immédiat de St. Pierre; je remarquerai feulement
que Simon (60) Barjone & lui rencontrent un vieillard, qui leur dit que fa femme l'a fait cocu, &
qu'elle a couché avec fon valet; Clément demande au vieillard comment il a fçu qu'il était cocu?
par l'horofcope de ma femme, lui dit le bon homme; & encor par mon frere, avec qui ma femme a voulu coucher, & qui n'a point voulu d'elle (15). A ce difcours Clément reconnait fon pere dans le cocu, & ce même Clément apprend de
Pierre qu'il eft du fang des Céfars: O Romains!
C'eft donc par de pareils contes que la puiffance
Papale s'eft établie.

(60) Récognitions de St. Clément, Liv. IX. num. 32, 33.
(61) Ibid. num. 34. & 35.

SEPTIEME IMPOSTURE PRINCIPALE,

Sur le prétendu Pontificat de Simon Barjone, sur-nommé Pierre.

QUi a dit le premier que ce Simon, ce pauvre pêcheur, était venu de Galilée à Rome, qu'il y avait parlé latin, lui qui ne pouvait favoir que le patois de fon pays, & qu'enfin il avait été Pape de Rome vingt-cinq ans? C'eft un Syrien nommé Abdias, qui vivait fur la fin du premier fiecle, qu'on dit Evêque de Babilone (c'eft un bon Evêché.) Il écrivit en Siriaque, nous avons fon ouvrage traduit en latin par Jule Africain. Voici ce que cet écrivain fenfé raconte; il a été témoin oculaire; fon témoignage eft irréfragable. Ecoutez bien.

Simon Barjone Pierre ayant reffufcité la Tabite, ou la Dorcas couturiere des Apôtres, ayant été mis en prifon par l'ordre du Roi Hérode, quoiqu'alors il n'y eût point de Roi Hérode, & un Ange lui ayant ouvert les portes de la prifon felon la coutume des Anges, ce Simon rencontra dans Céfarée l'autre Simon de Samarie, furnommé le Magicien, qui faifait auffi des miracles, & là ils commencerent tous deux à fe morguer. Simon le Samaritain s'en alla à Rome auprès de l'Empereur Néron; Simon Barjone ne manqua pas de l'y fuivre; l'Empereur les reçut on ne peut pas mieux. Un Coufin de l'Empereur vint à mourir : auffitôt c'eft à qui reffufcitera le défunt; le Samaritain a l'honneur de commencer la cérémonie; il invoque Dieu, le mort donne des fignes de vie, & branle la tête. Simon Pierre invoque Jéfus-

Chrift, & dit au mort de fe lever ; le mort fe le-
ve & vient l'embraffer.   Enfuite vient l'hiftoire
connue des deux chiens: puis Abdias raconte comment Simon vola dans les airs, comment fon ri-
val Simon Pierre le fit tomber.   Simon le Magicien fe caffa les jambes, & Néron fit crucifier
Simon Pierre la tête en bas pour avoir câffé les
jambes de l'autre Simon.   Cette arlequinade a été
écrite non feulement par Abdias, mais encor par
je ne fais quel Marcel, & par un Egéfipe qu'Eufebe cite fouvent dans fon hiftoire.   Obfervez,
judicieux Romains, je vous en conjure, comment
ce Simon Pierre peut avoir régné fprituellement
vingt-cinq ans dans votre ville ? Il y vint fous
Néron, felon les plus anciens écrivains de l'Eglife ; il y mourut fous Néron: & Néron ne régna
que onze années.

Que dis-je ? lifez les Actes des Apôtres, y eft-
il feulement parlé d'un voyage de Pierre à Rome ?
il n'en eft pas fait la moindre mention. Ne voyez-
vous pas que lorfque l'on imagina que Pierre était
le premier des Apôtres on voulut fuppofer qu'il
n'y avoit eu que la Ville Impériale digne de fa préfence.   Voyez avec quelle groffiéreté on vous a
trompés en tout: feroit-il poffible que le fils de
Dieu, Dieu lui-même, n'eût employé qu'une é-
quivoque de poliffon, une pointe, un quolibet abfurde pour établir Simon Barjone chef de fon E-
glife: tu es furnommé Pierre, & fur cette pierre
je fonderai mon Eglife: fi Barjone s'étoit appellé
Potiron, Jéfus lui aurait donc dit, tu es Potiron,
& Potiron fera appellé le Roi des fruits de mon
jardin.

Pendant plus de trois cents ans le fucceffeur prétendu d'un payfan de Galilée fut ignoré dans Ro-

me. Voyons enfin comment les Papes devinrent vos maîtres.

HUITIEME IMPOSTURE.

IL n'y a aucun homme inftruit dans l'hiftoire des Eglifes Grecque & Latine, qui ne fache que les fieges Métropolitans établirent leurs principaux droits au Concile de Calcédoine convoqué en 451. par l'ordre de l'Empereur Martian & de Pulchérie, compofé de fix cents trente Evêques. Les Sénateurs qui préfidaient au nom de l'Empereur avoient à leur droite les Patriarches d'Alexandrie & de Jérufalem, & à leur gauche celui de Conftantinople, & les députés du Patriarche de Rome. Ce fut par les Canons de ce Concile que les fieges Epifcopaux participerent à la dignité des Villes dans lefquelles ils étoient fitués. Les Evêques des deux Villes Impériales, Rome, & Conftantinople, furent déclarés les premiers Evêques avec des prérogatives égales, par le célebre vingt-huitieme Canon.

Les Peres ont donné avec juftice des prérogatives au fiege de l'ancienne Rome, comme à une Ville régnante, & les 150 Evêques du premier Concile de Conftantinople, très chéris de Dieu, ont par la même raifon attribué les mêmes privileges à la nouvelle Rome, ils ont juftement jugé que cette Ville où réfide l'Empire & le Sénat, doit lui être égale dans toutes les chofes Eccléfiaftiques.

Les Papes fe font toujours débattus contre l'authenticité de ce Canon, ils l'ont défiguré, ils l'ont tordu de tous les fens. Que firent-ils enfin pour éluder cette égalité, & pour anéantir avec le tems tous les titres de fujettion qui les foumettaient aux

Empereurs comme tous les autres sujets de l'Empire? Ils forgerent cette fameuse donation de Conftantin, laquelle a été tenue pour si véritable pendant plusieurs siecles, que c'était un péché mortel irrémissible d'en douter, & que le coupable encourait *ipso facto* l'excommunication majeure.

C'étoit une chose bien plaisante que cette donation de Conftantin à l'Evêque Silveftre.

Nous avons jugé utile, dit l'Empereur, *avec tous nos satrapes, & tout le peuple Romain, de donner aux Succeffeurs de Saint Pierre une puiffance plus grande que celle de notre Sérénité.* Ne trouvez-vous pas, Romains, que le mot de Satrapes eft bien placé là?

C'eft avec la même authenticité que Conftantin dans ce beau Diplôme, dit, *qu'il a mis les Apôtres Pierre & Paul dans de grandes chaffes d'ambre, qu'il a bâti les Eglifes de St. Pierre & de St. Paul, & qu'il leur a donné de vaftes Domaines en Judée, en Grece, en Thrace, en Afie.&c.* pour entretenir le luminaire, *qu'il a donné au Pape fon palais de Latran, des Chambellans, des Gardes du Corps, & qu'enfin il lui donne en pur don à lui & à fes Succeffeurs la Ville de Rome, l'Italie, & toutes les Provinces d'Occident*, le tout *pour remercier le Pape Silveftre de l'avoir guéri de la lâdrerie, & de l'avoir baptifé*, quoiqu'il n'ait été baptifé qu'au lit de la mort par Eufebe Evêque de Nicomédie.

Il n'y eut jamais ni piece plus ridicule d'un bout à l'autre, ni plus accréditée dans les tems d'ignorance où l'Europe a croupi si longtems après la chûte de votre Empire.

NEUVIEME IMPOSTURE.

JE paſſe ſous ſilence un millier de petites impoſtures journalieres, pour arriver vîte à la grande impoſture des Décrétales.

Ces fauſſes décrétales furent univerſellement répandues dans le ſiecle de Charlemagne. C'eſt là, Romains, que pour mieux vous ravir votre liberté, on en dépouille tous les Evêques; on veut qu'ils n'aient pour Juges que l'Evêque de Rome. Certes s'il eſt le Souverain des Evêques, il devoit bientôt devenir le vôtre, & c'eſt ce qui eſt arrivé. Ces fauſſes Décrétales aboliſſaient les Conciles; elles abolirent bientôt votre Sénat, qui n'eſt plus qu'une cour de judicature, eſclave des volontés d'un prêtre. Voilà ſur-tout la véritable origine de l'aviliſſement dans lequel vous rampez. Tous vos droits, tous vos privileges, ſi longtems conſervés par votre ſageſſe, n'ont pu vous être ravis que par le menſonge. Ce n'eſt qu'en mentant à Dieu & aux hommes qu'on a pu vous rendre eſclaves; mais jamais on n'a pu éteindre dans vos cœurs l'amour de la liberté. Il eſt d'autant plus fort que la tyrannie eſt plus grande. Ce mot ſacré de liberté ſe fait encor éntendre dans vos converſations, dans vos aſſemblées, & juſques dans les anti-chambres du Pape.

ARTICLE IX.

CEſar ne fut que votre Dictateur; Auguſte ne fut que votre Général, votre Conſul, votre Tribun. Tibere, Caligula, Néron vous laiſſerent vos Comices, vos prérogatives, vos dignités; les barbares

res même les refpeélerent. Vous eûtes toujours
votre Gouvernement municipal. C'eft par votre
délibération, & non par l'autorité de votre Evêque Grégoire trois, que vous offrîtes la dignité
de Patrice au grand Charles Martel, maître de
fon Roi & vainqueur des Sarrafins en l'année 741.
de notre fautive Ere vulgaire.

Ne croyez pas que ce fût l'Evêque Léon trois,
qui fit Charlemagne Empereur; c'eft un conte ridicule du fecrétaire Eginard, vil flatteur des Papes
qui l'avaient gagné. De quel droit & comment
un Evêque fujet aurait-il fait un Empereur qui n'é-
tait jamais créé que par le peuple, ou par les armées qui fe mettaient à la place du peuple?

Ce fut vous, Peuple Romain, qui ufâtes de vos
droits, vous qui ne voulûtes plus dépendre d'un
Empereur Grec dont vous n'étiez pas fecourus ;
vous qui nommâtes Charlemagne fans quoi il n'eût
été qu'un ufurpateur. Les Annaliftes de ce tems
conviennent que tout était arrangé entre Carolo
& vos principaux Officiers (ce qui eft en effet
de la plus grande vraifemblance.) Votre Evêque
n'y eut d'autre part que celle d'une vaine cérémonie, & la réalité de recevoir de grands préfens. Il n'avait d'autre autorité légale dans votre
ville, que celle du crédit attaché à la mitre, à fon
Clergé, & à fon favoir faire.

En vous donnant à Charlemagne, vous reftâtes
les maîtres de l'élection de vos Officiers ; la police
fut entre leurs mains; vous demeurâtes en poffeffion du Môle d'Adrien, fi ridiculement appellé depuis le Château St. Ange, & vous n'avez été plei-
nement affervis que quand vos Evêques fe font
emparés de cette forterefle.

Ils font parvenus pas à pas à cette grandeur fu-

H

prême , fi expreffément profcrite pour eux par
celui qu'ils regardent comme leur Dieu, & dont
ils ofent s'appeller les Vicaires. Jamais fous les
Othons ils n'eurent de jurifdiction dans Rome.
Les excommunications & les intrigues furent leurs
feules armes; & lorfque dans des tems d'anarchie
ils ont été en effet Souverains, ils n'ont jamais
ofé en prendre le titre. Je défie tous les gens habiles qui vendent chez vous des médailles aux é-
trangers, d'en montrer une feule où votre Evêque
foit intitulé votre Souverain. Je défie même les
plus habiles fabricateurs de titres dont votre Cour
abonde, d'en montrer un feul où le Pape foit traité de Prince par la grace de Dieu. Quelle étrange Principauté que celle qu'on craint d'avouer!

Quoi! les Villes Impériales d'Allemagne qui ont
des Evêques font libres, & vous, Romains, vous
ne l'êtes pas! Quoi! l'Archevêque de Cologne n'a
pas feulement le droit de coucher dans cette Ville,
& votre Pape vous permet à peine de coucher chez
vous! Il s'en faut beaucoup que le Sultan des Turcs
foit auffi defpotique à Conftantinople que le Pape
l'eft devenu à Rome.

Vous périffez de mifere fous de beaux portiques.
Vos belles peintures dénuées de coloris, & dix ou
douze chefs-d'œuvre de la fculpture antique, ne
vous procureront jamais ni un bon dîner, ni un bon
lit. L'opulence eft pour vos maîtres, & l'indigen-
ce eft pour vous : le fort d'un efclave des anciens
Romains étoit cent fois au-deffus du vôtre; car
il pouvait acquérir de grandes fortunes; mais vous
nés ferfs, vous mourrez ferfs, & vous n'avez
d'huile que celle de l'extrême-onction. Efclaves
de corps, efclaves d'efprit, vos tyrans ne fouffrent
pas même que vous lifiez dans votre langue le li-

vre fur lequel on dit que votre Religion eft fondée.

Eveillez vous, Romains, à la voix de la liberté, de la vérité, & de la nature. Cette voix éclate dans l'Europe, il faut que vous l'entendiez ; rompez les chaînes, qui accablent vos mains généreuſes, chaînes forgées par la tyrannie dans l'antre de l'impoſture.

HOMELIE DU PASTEUR BOURN,

Prêchée à Londres le jour de la Pentecôte 1768.

Voici le premier jour, mes Freres, où la doctrine & la morale de Jéſus fut manifeſtée par ſes Diſciples. Vous n'attendez pas de moi que je vous explique comment le Saint Eſprit deſcendit ſur eux en langues de feu. Tant de miracles ont précédé ce prodige qu'on ne peut en nier un ſeul ſans les nier tous. Que d'autres conſument leur tems à rechercher pourquoi Pierre en parlant tout d'un coup toutes les langues de l'univers à la fois, était cependant dans la néceſſité d'avoir St. Marc pour ſon interprête ; qu'ils ſe fatiguent à trouver la raiſon pour laquelle ce miracle de la Pentecôte, celui de la réſurrection, tous enfin furent ignorés de toutes les nations qui étoient alors à Jéruſalem ; pourquoi aucun auteur profane ni Grec, ni Romain, ni Juif n'a jamais parlé de ces événemens ſi prodigieux & ſi publics qui devaient longtems occuper l'attention de la terre étonnée. En effet, dit-on, c'eſt un miracle incompréhenſible que Jéſus reſſuſcité montât lentement au ciel dans une nuée

H 2

à la vue de tous les Romains qui étoient fur l'ho-
rifon de Jérufalem, fans que jamais aucun Romain
ait fait la moindre mention de cette afcenfion qui
aurait dû faire plus de bruit que la mort de Céfar,
que les batailles de Pharfale & d'Actium, que la
mort d'Antoine & de Cléopatre. Par quelle providence Dieu ferma-t-il les yeux à tous les hommes
qui ne virent rien de ce qui devait être vu d'un
million de fpectateurs. Comment Dieu a-t-il permis que les récits des Chrétiens fuffent obfcurs,
inconnus pendant plus de deux cents années, tandis que ces prodiges dont eux feuls parlent, avaient
été fi publics? Pourquoi le nom mê.ne d'Evangile
n'a-t-il été connu d'aucun auteur Grec ou Romain? Toutes ces queftions qui ont enfanté tant
de volumes nous détourneraient de notre but unique, celui de connaître la doctrine & la morale
de Jéfus qui doit être la nôtre.

Quelle eft la doctrine prêchée le jour de la Pentecôte? Que Dieu a rendu Jéfus célebre & lui a
donné fon approbation ? (62)

Qu'il a été fupplicié. (63)

Que Dieu l'a reffufcité & l'a tiré de l'enfer,
c'eft-à-dire, fi l'on veut, de la foffe. (64)

Qu'il a été élevé par la puiffance de Dieu, &
que Dieu a envoyé enfuite fon Saint Efprit. (65)

C'eft ainfi que Pierre s'explique à cent mille Juifs
obftinés, & il en convertit huit mille en deux Ser-
mons, tandis que nous autres nous n'en pouvons
pas convertir huit en mille années.

Il eft donc inconteftable, mes Freres, que la
premiere fois que les Apôtres parlent de Jéfus, ils

---

(62) *Actes ch.* 29. *ys.* 22.
(63) *Vs.* 23.   (64) *Vs.* 24.
(65) *Vs.* 33.

en parlent comme de l'envoyé de Dieu, fupplicié par les hommes, élevé en grace devant Dieu, glo-rifié par Dieu même. St. Paul n'en parle jamais autrement. Voilà fans contredit le Chriftianifme primitif, le Chriftianifme véritable. Vous ne ver-rez, comme je vous l'ai déja dit dans mes autres difcours, ni dans aucun Evangile, ni dans les Ac-tes des Apôtres, que Jéfus eût deux natures & deux volontés, que Marie fût mere de Dieu, que le St. Efprit procede du pere & du fils, qu'il éta-blit fept facremens, qu'il ordonna qu'on adorât des reliques & des images. Tout ce vafte amas de controverfes était entiérement ignoré. Il eft conftant que les premiers Chrétiens fe bornaient à adorer Dieu par Jéfus, à exorcifer les poffédés par Jéfus, à chaffer les diables par Jéfus, à guérir les malades par Jéfus.

Nous ne chaffons plus les diables, mes Freres. Nous ne guériffons pas plus les maladies mortelles que ne font les médecins; nous ne rendons pas plus la vue aux aveugles que le Chevalier Tailor. Mais nous adorons Dieu, nous le béniffons, nous fuivons la loi qu'il nous a donnée lui-même par la bouche de Jéfus en Galilée. Cette loi eft fimple parce qu'elle eft divine: *Tu aimeras Dieu & ton prochain.* Jefus n'a jamais recommandé autre cho-fe. Ce peu de paroles comprend tout. Elles font fi divines que toutes les nations les entendirent dans tous les tems, & qu'elles furent gravées dans tous les cœurs. Les paffions les plus funeftes ne purent jamais les effacer. Zoroaftre chez les Per-fans, Taut chez les Egyptiens, Brama chez les Indiens, Orphée chez les Grecs, criaient aux hom-mes: *Aimez Dieu & le prochain.* Cette loi obfer-vée eût fait le bonheur de la terre entiere.

Jéfus ne vous a pas dit: *Le diable chaffé du ciel*
& plongé dans l'enfer en fortit malgré Dieu pour fe
déguifer en ferpent & pour venir perfuader une fem-
me de manger du fruit de l'arbre de la fcience. *Les*
enfans de cette femme ont été en conféquence coupables
en naiffant du plus horrible crime & punis à jamais
dans des flammes éternelles, tandis que leurs corps
font pourris fur la terre. *Je fuis venu pour racheter*
des flammes ceux qui naîtront après moi, & cepend-
dant je ne racheterai que ceux à qui j'aurai donné
une grace efficace qui peut n'être point efficace. Cet
épouvantable galimathias, mes Freres, ne fe trouve heureufement dans aucun Evangile; mais vous
y trouvez qu'il faut *aimer Dieu & fon prochain.*

Quand toutes les langues de feu qui defcendirent fur le galetas où étaient les Difciples auraient
parlé, quand elles defcendraient pour parler encore, elles ne pouraient annoncer une doctrine plus
humaine à la fois & plus célefte.

Jéfus adorait Dieu & aimait fon prochain en
Galilée, adorons Dieu & aimons notre prochain
à Londres.

Les Juifs nous difent: Jéfus était Juif; il fut
préfenté au Temple comme Juif; circoncis comme Juif; baptifé comme Juif par le Juif Jean qui
baptifait les Juifs felon l'ancien rit Juif; & par
une œuvre de furérogation Juive, il payoit le cor-
ban Juif; il allait au Temple Juif; il judaïfa toujours; il accomplit toutes les cérémonies Juives.
S'il accabla les Prêtres Juifs d'injures parce qu'ils
étaient des prévaricateurs fcélérats, paîtris d'orgueil & d'avarice, il n'en fut que meilleur Juif.
Si la vengeance des Prêtres le fit mourir, il mourut Juif. O Chrétiens, foyez donc Juifs

Je réponds aux Juifs: Mes amis (car toutes les

nations font mes amies) Jéfus fut plus que Juif. Il
fut homme, il embraffa tous les hommes dans fa
charité. Votre loi mofaïque ne connoiffait d'autre
prochain pour un Juif qu'un autre Juif. Il ne vous
était pas permis feulement de vous fervir des uf-
tenfiles d'un étranger. Vous étiez immondes, fi
vous aviez fait cuire une longe de veau dans une
marmite Romaine. Vous ne pouviez vous fervir
d'une fourchette & d'une cuiller qui eût appartenu
à un citoyen Romain; & fuppofé que vous vous
foyez jamais fervi d'une fourchette à table, ce dont
je ne trouve aucun exemple dans vos hiftoires, il
fallait que cette fourchette fût Juive. Il eft bien
vrai, du moins felon vous, que vous volâtes les
affiettes, les fourchettes & les cuillers des Egyptiens quand vous vous enfuîtes d'Egygte comme
des coquins; mais votre loi ne vous avait pas encor été donnée. Dès que vous eûtes une loi, elle
vous ordonna d'exterminer toutes les nations, &
de ne réferver que les petites filles pour votre ufage. Vous faifiez tomber les murs au bruit des
trompettes, vous faifiez arrêter le foleil & la lune,
mais c'était pour tout égorger. Voilà comme vous
aimiez alors votre prochain.

Ce n'était pas ainfi que Jéfus recommandait cet
amour. Voyez la belle parabole du Samaritain.
Un Juif eft volé & bleffé par d'autres voleurs
Juifs. Il eft laiffé dans le chemin dépouillé, fan-
glant & demi-mort. Un Prêtre ortodoxe paffe,
le confidere & pourfuit fa route fans lui donner aucun fecours. Un autre Prêtre ortodoxe paffe &
témoigne la même dureté. Vient un pauvre Laïque Samaritain, un hérétique; il panfe les plaies
du bleffé, il le fait tranfporter, il le fait foigner
à fes dépens. Les deux prêtres font des barbares.

H 4

Le Laïque hérétique & charitable eſt l'homme de
Dieu.   Voilà la doctrine, voilà la morale de Jéſus; voilà ſa Religion.

Nos adverſaires nous diſent que Luc qui était
un Laïque & qui a écrit le dernier de tous les E-
vangéliſtes, eſt le ſeul qui ait rapporté cette parabole, qu'aucun des autres n'en parle, qu'au contraire St Matthieu dit que Jéſus (66) recommanda
expreſſément de ne rien enſeigner aux Samaritains
& aux Gentils, qu'ainſi ſon amour pour le prochain ne s'étendait que ſur la tribu de Juda, ſur
celle de Lévi & la moitié de Benjamin, & qu'il
n'aimait point le reſte des hommes.   S'il eût aimé
ſon prochain, ajoutent-ils, il n'eût point dit qu'il
eſt venu apporter le glaive & non la paix, qu'il
eſt venu pour diviſer le pere & le fils, le mari &
la femme, & pour mettre la diſcorde dans les familles.   Il n'aurait point prononcé le funeſte *con-
train-les d'entrer*, dont on a tant abuſé.   Il n'auroit point privé un marchand forain du prix de
deux mille cochons qui était une ſomme conſidé-
rable, & n'aurait pas envoyé le diable dans le
corps de ces cochons pour les noyer dans le lac
de Génézareth.   Il n'aurait pas ſéché le figuier
d'un pauvre homme, pour n'avoir pas porté de
figues quand *ce n'était pas le tems des figues*.   Il
n'aurait pas dans ſes paraboles enſeigné qu'un
maître agit juſtement quand il charge de fers ſon
eſclave pour n'avoir pas fait profiter ſon argent à
l'uſure de cinq cents pour cent.

Nos ennemis continuent leurs objections effra-
yantes en diſant que les Apôtres ont été plus im-
pitoyables que leur maître; que leur premiere opé-

_____

(66) *Diatta. ch.* 10, *vs.* 5.

tion fut de fe faire apporter tout l'argent des fre-
es, & que Pierre fit mourir Ananiah & fa femme
our n'avoir pas tout apporté. Si Pierre, difent-
ils, les fit mourir de fon autorité privée, parce
qu'il n'avait pu avoir tout leur argent, il méritait
d'être roué en place publique. Si Pierre pria Dieu
de les faire mourir, il méritait que Dieu le punît.
Si Dieu feul ordonna leur mort, heureufement il
prononce très rarement de ces jugemens terribles
qui dégouteraient de faire l'aumône.

Je paffe fous filence toutes les objeétions des
incrédules tant fur la morale & la doétrine de
Jéfus, que fur tous les événemens de fa vie di-
verfement rapportés. Il faudrait vingt volumes
pour refuter tout ce qu'on nous objeéte; & une
Religion qui aurait befoin d'une fi longue apologie ne pourait être la vraie Religion. Elle doit
entrer dans le cœur de tous les hommes comme
la lumiere dans les yeux, fans effort, fans peine,
fans pouvoir laiffer le moindre doute fur la clar-
té de cette lumiere. Je ne fuis pas venu ici pour
difputer, je fuis venu pour m'édifier avec vous.

Que d'autres faififfent tout ce qu'ils ont pu trouver dans les Evangiles, dans les Aétes des Apôtres, dans les Epitres de Paul de contraire aux
notions communes, aux clartés de la raifon, aux
regles ordinaires du fens commun. Je les laifferai triompher fur des miracles qui ne paraiffent
pas néceffaires à leur faible entendement, comme
celui de l'eau changée en vin à des noces en faveur de convives déjà yvres, celui de la transfi-
guration, celui du diable qui emporte le fils de
Dieu fur une montagne dont on découvre tous les
Royaumes de la terre, celui du figuier, celui de
deux mille cochons. Je les laifferai exercer leur

H 5

critique fur les paraboles qui les fcandalifent, fur
la prédiction faite par Jéfus même au chap. 21.
de Luc, qu'il viendrait dans les nuées avec une
grande puiffance & une grande majefté, avant
que la génération devant laquelle il parlait fût paf-
fée. Il n'y a point de page qui n'ait produit des
difputes. Je m'en tiens donc à ce qui n'a jamais
été difputé, à ce qui a toujours emporté le confentement de tous les hommes, avant Jéfus &
après Jéfus, à ce qu'il a confirmé de fa bouche &
qui ne peut être nié par perfonne. *Il faut aimer
Dieu & fon prochain.*

Si l'écriture offre quelquefois à l'ame une nourriture que la plupart des hommes ne peuvent di-
gérer, nourriffons-nous des alimens falubres qu'elle préfente à tout le monde; *Aimons Dieu & les
hommes*; fuyons toutes les difputes. Les premiers
chapitres de la Genefe effarouchaient les efprits
des Hébreux, il fut défendu de les lire avant
vingt-cinq ans; les prophéties d'Ezéchiel fcanda-
lifaient, on en défendit de même la lecture; le
Cantique des Cantiques pouvait porter les jeunes
hommes & les jeunes filles à l'impureté, Théo-
dore de Mopfuete, les Rabins, Grotius, Châtillon
& tant d'autres nous apprennent qu'il n'était permis de lire ce Cantique qu'à ceux qui étaient fur
le point de fe marier.

Enfin, mes Freres, combien d'actions rappor-
tées dans les livres Hébreux qu'il ferait abominable d'imiter! Où ferait aujourd'hui la femme qui
voudrait agir comme Jahel, laquelle trahit Cifara
pour lui enfoncer un clou dans la tête? comme Judith qui fe proftitua à Holoferne pour l'affaffiner,
comme Efther qui, après avoir obtenu de fon mari
que fes Juifs maffacraffent cinq cents Perfans dans

Suze, lui en demanda encor trois cents, outre les
foixante & quinze mille égorgés dans les provinces. Quelle fille voudrait imiter les filles de Loth
qui coucherent avec leur pere? Quel pere de famille fe conduiroit comme le Patriarche Juda qui
coucha avec fa belle-fille, & Ruben qui coucha
avec fa belle-mere? Quel Vaivode imitera David qui s'affocia quatre cents brigands perdus, dit
l'écriture, de débauches & de dettes, avec lesquels ils maffacrait tous les fujets de fon Allié
Achis jufqu'aux enfans à la mammelle, & qui enfin ayant dix-huit femmes, ravit Betzabée & fit
tuer fon mari?

Il y a dans l'écriture, je l'avoue, mille traits
pareils, contre lefquels la nature fe fouleve. Tout
ne nous a pas été donné pour une regle de mœurs.
Tenons nous en donc à cette loi inconteftable,
univerfelle, éternelle, de laquelle feule dépend la
pureté des mœurs dans toute nation. *Aimons Dieu
& le prochain.*

S'il m'était permis de parler de l'Alcoran dans
une affemblée de Chrétiens, je vous dirais que les
Somites repréfentent ce livre comme un Chéru-
bin qui a deux vifages, une face d'ange & une
face de bête. Les chofes qui fcandalifent les faibles, difent-ils, font le vifage de bête, & celles
qui édifient, font la face d'ange.

Edifions nous & laiffons à part tout ce qui nous
fcandalife: car enfin, mes Freres, que Dieu de-
mande-t-il de nous? Que nous confrontions Matthieu avec Luc, que nous concilions deux généalogies qui fe contredifent, que nous difcutions
quelques paffages? Non, il demande que nous
l'aimions & que nous foyons juftes.

Si nos peres l'avaient été, les difputes fur la liturgie Anglicane n'auraient pas porté la tête de Charles premier fur un échafaut, on n'auroit pas ofé tramer la confpiration des poudres, quarante mille familles n'auraient pas été maffacrées en Irlande, le fang n'aurait pas ruiffelé, les buchers n'auraient pas été allumés fous le regne de la Reine Marie. Que n'eft-il pas arrivé aux autres nanions pour avoir argumenté en Théologie? Dans quels gouffres épouvantables de crimes & de calamités les difputes chrétiennes n'ont-elles pas plongé l'Europe pendant des fiecles. La lifte en ferait beaucoup plus longue que mon fermon. Les moines difent que la vérité y a beaucoup gagné, qu'on ne peut l'acheter trop cher, que c'eft ce qui a valu à leur Saint Pere tant d'annates & tant de pays, que fi on s'était contenté d'aimer Dieu & fon prochain, le Pape ne fe ferait pas emparé du Duché d'Urbin, de Ferrare, de Caftro, de Bologne, de Rome même, & qu'il ne fe dirait pas Seigneur fuzerain de Naples: qu'une Eglife qui répand tant de biens fur la tête d'un feul homme eft fans-doute la véritable Eglife, que nous avons tort puifque nous fommes pauvres & que Dieu nous abandonne vifiblement. Mes freres, il eft peut-être difficile d'aimer des gens qui tiennent ce langage; cependant *aimons Dieu & notre prochain.* Mais comment aimerons-nous de hauts bénéficiers qui du fein de l'orgueil, de l'avarice & de la volupté, écrafent ceux qui portent le poids du jour & de la chaleur, & ceux qui parlant avec abfurdité, perfécutent avec infolence? Mes freres, c'eft les aimer fans-doute que de prier Dieu qu'il les convertiffe.

F I N.

FRAGMENT D'UNE LETTRE DU LORD BOLINGBROKE.

UN très-grand Prince me difait il y a deux mois aux eaux d'Aix-la-Chapelle, qu'il fe ferait fort de gouverner très-heureufement une nation confidérable fans le fecours de la fuperftition. Je le crois fermement, lui répondis-je, & une preuve évidente, c'eft que moins notre Eglife Anglicane a été fuperftitieufe, plus notre Angleterre eft devenue floriffante; encor quelques pas & nous en vaudrions mieux. Mais il faut du tems pour guérir le fond de la maladie quand on a détruit les principaux fymptomes.

Les hommes, me dit ce Prince, font des efpeces de finges qu'on peut dreffer à la raifon comme à la folie. On a pris longtems ce dernier parti, on s'en eft mal trouvé. Les chefs barbares qui conquirent nos nations barbares crurent d'abord emmufeler les peuples par le moyen des Evêques. Ceux-ci après avoir bien fellé & feffé les fujets, en firent autant aux Monarques. Ils détrônerent Louis le Débonnaire, ou le fot, car on ne détrône que les fots; il fe forma un cahos d'abfurdités, de fanatifme, de difcordes inteftines, de tyrannie & de fédition, qui s'eft étendu fur cent Royaumes. Faifons précifément le contraire, & nous aurons un contraire effet. J'ai remarqué, ajouta-t-il, qu'un très-grand nombre de bons bourgeois, de prêtres, d'artifans même, ne croit pas plus aux fuperftitions que les confeffeurs des Princes, les Miniftres d'Etat & les Médecins. Mais qu'arrive-t-il? Ils ont affez de bon fens pour voir l'abfurdité de nos dogmes, & ils ne font ni affez inftruits, ni affez fages pour péné-

trer au-delà. Le Dieu qu'on nous annonce, difent-ils, eſt ridicule, donc il n'y a point de Dieu.
Cette concluſion eſt auſſi abſurde que les dogmes
qu'on leur prêche: & ſur cette concluſion préci-
pitée ils ſe jettent dans le crime, ſi un bon naturel ne les retient pas.

Propoſons-leur un Dieu qui ne ſoit pas ridicule, qui ne ſoit pas déshonoré par des contes de
vieilles, ils l'adoreront ſans rire & ſans murmu-
rer; ils craindront de trahir la conſcience que ce
Dieu leur a donnée. Ils ont un fond de raiſon,
& cette raiſon ne ſe révoltera pas. Car enfin,
s'il y a de la folie à reconnaître un autre que le
Souverain de la nature, il n'y en pas moins à
nier l'exiſtence de ce Souverain. S'il y a quelques raiſonneurs dont la vanité trompe leur intelligence juſqu'à lui nier l'intelligence univerſelle,
le très-grand nombre, en voyant les aſtres & les
animaux organiſés, reconnaîtra toujours le formateur des aſtres & de l'homme. En un mot, l'honnête homme ſe plie plus aiſément à fléchir devant
l'être des êtres que ſous un natif de la Mecque
ou de Béthléem. Il ſera véritablement religieux
en écraſant la ſuperſtition. Son exemple influe-
ra ſur la populace, & ni les prêtres, ni les gueux
ne ſeront à craindre.

Alors je ne craindrai plus ni l'inſolence d'un
Grégoire VII, ni les poiſons d'un Alexandre VI,
ni le couteau des Cléments, des Ravaillacs, des
Baltazard Gérard & de tant d'autres coquins armés par le fanatiſme. Croit-on qu'il me ſera
plus difficile de faire entendre raiſon aux Allemands qu'il ne l'a été aux Princes Chinois de faire fleurir chez eux une Religion pure, établie
chez tous les Lettrés depuis plus de cinq mille ans?

Je lui répondis que rien n'étoit plus raisonnable & plus facile, mais qu'il ne le ferait pas, parce qu'il ferait entraîné par d'autres foins dés qu'il ferait fur le trône, & que s'il tentait de rendre fon peuple raifonnable, les Princes voifins ne manqueraient pas d'armer l'ancienne folie de fon peuple contre lui-même.

Les Princes Chinois, lui dis-je, n'avaient point de Princes voifins à craindre quand ils inftituerent un culte digne de Dieu & de l'homme. Ils étaient féparés des autres dominations par des montagnes inacceffibles & par des déferts. Vous ne pourrez effectuer ce grand projet que quand vous aurez cent mille guerriers victorieux fous vos drapeaux. Et alors je doute que vous l'entrepreniez. Il faudrait pour un tel projet de l'entoufiafme dans la philofophie, & le Philofophe eft rarement entoufiafte. Il faudrait aimer le genre humain, & j'ai peur que vous ne penfiez qu'il ne mérite pas d'être aimé. Vous vous contenterez de fouler l'erreur à vos pieds, & vous laifferez les imbéciles tomber à genoux devant elle.

Ce que j'avais prédit eft arrivé; le fruit n'eft pas encor tout-à-fait affez mûr pour être cueilli.

LA PROFESSION DE FOI DES THEISTES.

INTRODUCTION.

O Vous qui avez fçu porter fur le trône la Philofophie & la Tolérance, qui avez foulé à vos pieds les préjugés, qui avez enfeigné les arts de la paix comme ceux de la guerre! Joignez votre

voix à la nôtre, & que la vérité puiſſe triompher comme vos armes.

Nous ſommes plus d'un million d'hommes dans
l'Europe qu'on peut appeller Théiſtes; nous oſons
en atteſter le Dieu unique que nous ſervons. Si
l'on pouvoit raſſembler tous ceux qui ſans examen
ſe laiſſent entraîner aux divers dogmes des ſectes
où ils ſont nés, s'ils ſondoient leur propre cœur,
s'ils écoutoient leur ſimple raiſon, la terre ſeroit
couverte de nos ſemblables.

Il n'y a qu'un fourbe ou un homme abſolument étranger au monde qui oſe nous démentir,
quand nous dirons que nous avons des freres à
la tête de toutes les armées, ſiégeants dans tous
les tribunaux, docteurs dans toutes les Egliſes,
répandus dans toutes les profeſſions, revêtus enfin
de la puiſſance ſuprême.

Notre Religion eſt ſans doute divine, puiſqu'elle a été gravée dans nos cœurs par Dieu même;
par ce maître de la raiſon univerſelle qui a dit au
Chinois, à l'Indien, au Tartare, & à nous, adore moi & ſois juſte.

Notre Religion eſt auſſi ancienne que le monde, puiſque les premiers hommes n'en pouvoient
avoir d'autre, ſoit que ces premiers hommes ſe
ſoient appellés Adimo & Procriti dans une partie
de l'Inde, & Brama dans l'autre, ou Prométhée
& Pandore chez les Grecs, ou Oſhireth & Isheth
chez les Egyptiens, ou qu'ils aient eu en Phéni-
cie des noms que les Grecs ont traduits par celui
d'Eon; ſoit qu'enfin on veuille admettre les noms
d'Adam & d'Eve donnés à ces premieres créatu-
res dans la ſuite des tems par le petit peuple Juif.
Toutes les nations s'accordent en ce point, qu'elles ont anciennement reconnu un ſeul Dieu, auquel

quel elles ont rendu un culte fimple & fans mélange qui ne put être infecté d'abord de dogmes fuperftitieux.

Notre Religion, ô grand homme! eft donc la feule qui foit univerfelle, comme elle eft la plus antique & la feule divine. Nations égarées dans le labirinthe de mille fectes différentes, le Théifme eft la bafe de vos édifices fantaftiques; c'eft fur notre vérité que vous avez fondé vos abfurdités. Enfans ingrats, nous fommes vos peres; & vous nous reconnoiffez tous pour vos peres quand vous prononcez le nom de Dieu.

Nous adorons depuis le commencement des chofes la Divinité unique, éternelle, rémunératrice de la vertu & vengereffe du crime; jufqueslà tous les hommes font d'accord, tous répetent après nous cette confeffion de foi.

Le centre où tous les hommes fe réuniffent dans tous les temps & dans tous les lieux eft donc la vérité, & les écarts de ce centre font donc le menfonge.

Que Dieu eft le Pere de tous les hommes.

SI Dieu a fait les hommes, tous lui font également chers comme tous font égaux devant lui; il eft donc abfurde & impie de dire que le pere commun a choifi un petit nombre de fes enfans pour exterminer les autres en fon nom.

Or les Auteurs des livres Juifs ont pouffé leur extravagante fureur jufqu'à ofer dire que dans des tems très récents par rapport aux fiecles antérieurs, le Dieu de l'Univers choifit un petit peuple barbare efclave chez les Egyptiens, non pas pour le faire régner fur la fertile Egypte, non pas pour qu'il obtint les terres de leurs injuſtes maîtres, mais pour qu'il allât à deux cents cinquante milles de Memphis égorger, exterminer de petites peuplades voiſines de Tyr, dont il ne pouvoit entendre le langage, qui n'avoient rien de commun avec lui, & ſur leſquelles ils n'avoient pas plus de droit que ſur l'Allemagne. Ils ont écrit cette horreur ; donc ils ont écrit des livres abſurdes & impies.

Dans ces livres, remplis à chaque page de fables contradictoires, dans ces livres écrits plus de ſept cents ans après la datte qu'on leur dònne, dans ces livres plus mépriſables que les contes Arabes & Perſans ; il eſt rapporté que le Dieu de l'univers deſcendit dans un buiſſon pour dire à un pâtre âgé de quatre-vingts ans, *ôtez vos ſouliers.... que chaque femme de votre horde demande à ſa voiſine, à ſon hoteſſe des vaſes d'or & d'argent, des robes, & vous volerez les Egyptiens* (67).

Et je vous prendrai pour mon peuple & je ſerai votre Dieu. (68).

Et j'endurcirai le cœur du Pharaon, du Roi. (69).

Si vous obſervez mon pacte, vous ſerez mon peuple particulier ſur tous les autres peuples. (70).

Joſué parle ainſi expreſſément à la horde Hébraïque, *s'il vous paroît mal de ſervir Adonaï, l'option vous eſt donnée, choiſiſſez aujourd'hui ce qu'il vous plaira ; voyez qui vous devez ſervir, ou les dieux que vos peres ont adorés dans la Méſopotamie, ou bien les dieux des Amorrhéens chez qui vous habitez.* (71).

Il eſt bien évident par ce paſſage & par tous

---

(67) *Exode chap.* 3.   (68) *ibid. chap.* 6.
(69) *ibid. chap.* 7.   (70) *ibid. chap.* 19.
(71) *Joſué chap.* 24.

ceux qui le précedent, que les Hébreux reconnoissoient plusieurs dieux ; que chaque peuplade avoit le sien, que chaque Dieu étoit un Dieu local, un Dieu particulier.

Il est même dit dans Ezéchiel, dans Amos, dans le discours de St. Etienne, que les Hébreux n'adorerent point le Dieu Adonaï dans le désert, mais Rempham & Kium.

Le même Josué continue & leur dit, *Adonaï est fort & jaloux.*

N'est-il donc pas prouvé par tous ces témoignages que les Hébreux reconnurent dans leur Adonaï une espece de Roi invisible au peuple, visible aux chefs du peuple, jaloux des rois voisins, & tantôt vainqueur, tantôt vaincu ?

Qu'on remarque surtout ce passage des Juges : *Adonaï marcha avec Juda & se rendit maître des montagnes, mais il ne put exterminer les habitans des vallées, parce qu'ils abondoient en chariots armés de faulx.* (72).

Nous n'insisterons pas ici sur le prodigieux ridicule de dire qu'auprès de Jérusalem les peuples avoient comme à Babilone des chars de guerre dans un malheureux pays où il n'y avoit que des ânes ; nous nous bornons à démontrer que le Dieu des Juifs étoit un Dieu local qui pouvoit quelque chose sur les montagnes, & rien sur les vallées : idée prise de l'ancienne mithologie, laquelle admit des dieux pour les forêts, les monts, les vallées & les fleuves.

Et si on nous objecte que dans le premier chapitre de la Genese, Dieu a fait le ciel & la terre, nous répondons que ce chapitre n'est qu'une imitation de l'ancienne cosmogonie des Phéniciens

(72) *Juges chap.* 1.

I 2

tres antérieurs à l'établissement des Juifs en Syrie, que ce premier chapitre même, fut regardé par les Juifs comme un ouvrage dangereux, qu'il n'etoit permis de lire qu'à vingt cinq ans. Il faut sur - tout bien remarquer que l'avanture d'Adam & d'Eve n'eſt rappellée dans aucun des livres Hébreux, & que le nom d'Eve ne ſe trouve que dans Tobie qui eſt regardé comme apocrife par toutes les communions Proteſtantes & par les ſavants Catholiques.

Si l'on vouloit encor une plus forte preuve que le Dieu Juifs n'étoit qu'un Dieu local, la voici. Un brigand nommé Jephté, qui eſt à la tête des Juifs, dit aux députés des Ammonites , *Ce que poſſede Chamos votre Dieu ne vous appartient il pas de droit? laiſſez - nous donc poſſéder ce qu'Adonaï notre Dieu a obtenu par ſes victoires* (73).

Voilà nettement deux dieux reconnus , deux dieux ennemis l'un de l'autre; c'eſt bien en vain que le trop ſimple Calmet veut après des commentateurs de mauvaiſe foi éluder une vérité ſi claire. Il en réſulte qu'alors le petit peuple Juif, ainſi que tant de grandes nations, avaient leurs dieux particuliers; c'eſt ainſi que Mars combattoit pour les Troyens & Minerve pour les Grecs; c'eſt ainſi que parmi nous St. Denis eſt le protecteur de la France , & que St George l'a été de l'Angleterre. C'eſt ainſi que par - tout on a déshonoré la Divinité.

DES SUPERSTITIONS.

QUe la terre entiere s'éleve contre nous, ſi elle l'oſe; nous l'appellons à témoin de la pureté de

(73) *Juges ch.* 11.

notre fainte religion. Avons - nous jamais fouillé notre culte par aucune des fuperftitions que les nations fe reprochent les unes aux autres? on voit les Perfes, plus excufables que leurs voifins, vénérer dans le foleil l'image imparfaite de la Divinité qui anime la nature; les Sabéens adorent les étoiles; les Phéniciens facrifient aux vents, la Grèce & Rome font inondées de dieux & de fables; les Syriens adorent un poiffon. Les Juifs dans le défert fe profternent devant un ferpent d'airain; ils adorerent réellement un coffre que nous appellons arche, imitant en cela plufieurs nations qui promenoient leurs petits marmoufets facrés dans des coffres, témoins les Egyptiens, les Syriens; témoin le coffre dont il eft parlé dans l'âne d'or d'Apulée (74); témoin le coffre ou l'arche de Troye qui fut pris par les Grecs & qui tomba en partage à Eurypile (75)

Les Juifs prétendoient que la verge d'Aaron, & un boiffeau de manne étoient confervés dans leur faint coffre, deux bœufs le traînaient dans une charette, le peuple tomboit devant lui la face contre terre, & n'ofoit le regarder. Adonaï fit un jour mourir de mort fubite cinquante mille foixante & dix Juifs, pour avoir porté la vue fur fon coffre, & fe contenta de donner des hémorroïdes aux Philiftins qui avoient pris fon coffre, & d'envoyer des rats dans leurs champs (76) jufqu'à ce que ces Philiftins lui euffent préfenté cinq figures de rads d'or, & cinq figures de trou du cu d'or, en lui rendant fon coffre. O terre! ô nations! ô vérité fainte! eft-il poffible que l'efprit

(74) *Apul. liv. IX & XI.*
(75) *Paufanias livre VII.*
(76) *fec. Liv. des Rois ou de Samuel ch. 5 & 6.*

humain ait été affez abruti pour imaginer des fuperftitions fi infames & des fables fi ridicules!

Ces mêmes Juifs qui prétendent avoir eu les figures en horreur par l'ordre de leur Dieu même,
confervoient pourtant dans leur fanctuaire, dans
leur faint des faints, deux chérubins qui avoient
des faces d'hommes & des mufles de bœuf avec
des aîles.

A l'égard de leurs cérémonies, y a t-il rien
de plus dégoûtant, de plus révoltant, & en même tems de plus puérile? n'eft il pas bien agréa-
ble à l'Etre des Etres de brûler fur une pierre des
boyaux & des pieds d'animaux (77)? qu'en peut-
il réfulter qu'une puanteur infupportable? eft-il
bien divin de tordre le cou à un oifeau, de lui
caffer une aîle, de tremper un doigt dans le fang
& d'en arrofer fept fois l'affemblée? (78)

Où eft le mérite de mettre du fang fur l'orteil
de fon pied droit; & au bout de fon oreille droite, & fur le pouce de la main droite? (79)

Mais ce qui n'eft pas fi puérile, c'eft ce qui eft
raconté dans une très ancienne vie de Moyfe, écrite en Hébreu & traduite en latin. C'eft l'origine
de la querelle entre Aaron & Coré.

„ Une pauvre veuve n'avoit qu'une brebis, el-
„ le la tondit pour la premiere fois; auffi-tôt
„ Aaron arrive & emporte la toifon en difant,
„ les prémices de la laine appartiennent à Dieu.
„ La veuve en pleurs vient implorer la protection
„ de Coré, qui ne pouvant obtenir d'Aaron la
„ reftitution de la laine en paie le prix à la veu-
„ ve. Quelque tems après fa brebis fait un a-

(77) Levit. ch. 1.   (78) Ibid. ch. 4.
(79) Levit. ch. 8.

„ gneau, Aaron ne manque pas de s'en emparer.
„ Il eſt écrit, dit-il, que tout premier né appar-
„ tient à Dieu. La bonne femme va ſe plaindre
„ à Coré, & Coré ne peut obtenir juſtice pour
„ elle. La veuve outrée tue ſa brebis; Aaron re-
„ vient ſur le champ, prend le ventre, l'épaule
„ & la tête ſelon l'ordre de Dieu. La veuve au
„ déſeſpoir dit anathême à ſa brebis. Aaron dans
„ l'inſtant revient l'emporter toute entiere; (80)
„ tout ce qui eſt anathême, dit-il, appartient au
„ pontife. " Voilà en peu de mots l'hiſtoire de
beaucoup de prêtres. Nous entendons les prêtres
de l'antiquité ; car pour ceux d'aujourd'hui nous
avouons qu'il en eſt de ſages & de charitables,
pour qui nous ſommes pénétrés d'eſtime.

Ne nous appeſantiſſons pas ſur les ſuperſtitions
odieuſes de tant d'autres nations ; toutes en ont
été infectées excepté les Lettrés Chinois qui ſont
les plus anciens Théiſtes de la terre. Regardez
ces malheureux Egyptiens que leurs piramides,
leur labirinthe, leurs palais & leurs temples ont
rendu ſi célebres; c'eſt au pied de ces monuments
preſque éternels qu'ils adoroient des chats & des
crocodiles. S'il eſt aujourd'hui une religion qui ait
ſurpaſſé ces excès monſtrueux, c'eſt ce que nous
laiſſons à examiner à tout homme raiſonnable.

Se mettre à la place de Dieu qui a créé l'homme, créer Dieu à ſon tour, faire ce Dieu avec de
la farine & quelques paroles, diviſer ce Dieu en
mille Dieux, anéantir la farine avec laquelle on a
fait ces mille dieux qui ne ſont qu'un Dieu en
chair & en os, créer ſon ſang avec du vin, quoique le ſang ſoit, à ce qu'on prétend, déjà dans le

(80) *Page* 165.

I 4

corps du Dieu; anéantir ce vin, manger ce Dieu
& boire fon fang, voilà ce que nous voyons dans
quelques pays où cependant les arts font mieux
cultivés que chez les Égyptiens.

Si on nous racontoit un pareil excès de bêtife
& d'aliénation d'efprit de la horde la plus ftupide
des Hottentots & des Cafres, nous dirions qu'on
nous en impofe; nous renverrions une telle réla-
tion au pays des fables; c'eft cependant ce qui
arrive journellement fous nos yeux dans les villes
les plus policées de l'Europe, fous les yeux des
Princes qui le fouffrent & des fages qui fe taifent.
Que faifons-nous à l'afpect de ces facrileges?
Nous prions l'Etre Eternel pour ceux qui les com-
mettent; fi pourtant nos prieres peuvent quelque
chofe auprès de fon immenfité & entrent dans le
plan de fa providence.

Des Sacrifices de fang humain.

Avons-nous jamais été coupables de la folle
& horrible fuperftition de la magie qui a porté
tant de peuples à préfenter aux prétendus dieux
de l'air, & aux prétendus dieux infernaux, les
membres fanglants de tant de jeunes gens & de
tant de filles, comme des offrandes précieufes à
ces monftres imaginaires? aujourd'hui même encor, les habitants des rives du Gange, de l'Indus
& des côtes de Coromandel, mettent le comble
de la fainteté à fuivre en pompe de jeunes femmes
riches & belles qui vont fe brûler fur le bucher
de leurs maris dans l'efpérance d'être réunies avec
eux dans une vie nouvelle. Il y a trois mille ans
que dure cette épouvantable fuperftition, auprès
de laquelle le filence ridicule de nos anachoretes,

leur ennuyeuse pſalmodie, leur mauvaiſe chere,
leurs cilices, leurs petites macérations ne peuvent
pas même être comptés pour des pénitences. Les
Brames ayant, après des ſiecles d'un théïſme pur
& ſans tache, ſubſtitué la ſuperſtition à l'adoration ſimple de l'Etre ſuprême, corrompirent leurs
voies & encouragerent enfin ces ſacrifices. Tant
d'horreur ne pénétra point à la Chine dont le ſage
Gouvernement eſt exempt depuis près de cinq
mille ans de toutes les démences ſuperſtitieuſes.
Mais elle ſe répandit dans le reſte de notre hé-
miſphere. Point de peuple qui n'ait immolé des
hommes à Dieu, & point de peuple qui n'ait été
ſéduit par l'illuſion affreuſe de la magie. Phéniciens, Syriens, Scythes, Perſans, Egyptiens, A-
fricains, Grecs, Romains, Celtes, Germains;
tous ont voulu être magiciens, & tous ont été
religieuſement homicides.

Les Juifs furent toujours infatués de ſortileges;
ils jettoient les ſorts, ils enchantoient les ſerpens,
ils prédiſoient l'avenir par les ſonges, ils avoient
des Voyants qui faiſaient retrouver les choſes per-
dues; ils chaſſerent les diables & guérirent les poſ-
ſédés avec la racine barath en prononçant le mot
Jaho, quand ils eurent connu la doctrine des diables en Caldée. Les Pithoniſſes évoquerent des
ombres. Et même l'auteur de l'Exode, quel qu'il
ſoit, eſt ſi perſuadé de l'éxiſtence de la magie,
qu'il repréſente les ſorciers attitrés de Pharaon
opérant les mêmes prodiges que Moyſe. Ils changerent leurs bâtons en ſerpents comme Moyſe, ils
changerent les eaux en ſang comme lui, ils cou-
vrirent comme lui la terre de grenouilles &c. &c.
Ce ne fut que ſur l'article des poux qu'ils furent
vaincus; ſur quoi on a très bien dit *que les Juifs*

I 5

en savoient plus que les autres peuples en cette partie.

Cette fureur de la magie commune à toutes les nations disposa les hommes à une cruauté religieuse & infernale avec laquelle ils ne sont certainement pas nés, puisque de mille enfans vous n'en trouvez pas un seul qui aime à verser le sang humain.

Nous ne pouvons mieux faire que de transcrire ici un passage de l'auteur de la Philosophie de l'histoire (81), quoiqu'il ne soit pas de notre avis en tout.

,, Si nous lisions l'histoire des Juifs écrite par
,, un auteur d'une autre nation, nous aurions pei-
,, ne à croire qu'il y ait eu en effet un peuple fu-
,, gitif d'Egypte, qui soit venu par ordre exprès
,, de Dieu immoler sept ou huit petites nations
,, qu'il ne connoissait pas, égorger sans miséricor-
,, de toutes les femmes, les vieillards & les en-
,, fans à la mammelle, & ne réserver que les pe-
,, tites filles; que ce peuple saint ait été puni de
,, son Dieu quand il avoit été assez criminel pour
,, épargner un seul homme dévoué à l'anathême,
,, Nous ne croirions pas qu'un peuple si abomi-
,, nable eût pu exister sur la terre : mais comme
,, cette nation elle-même nous rapporte tous ces
,, faits dans ses livres saints, il faut la croire.

,, Je ne traite point ici la question si ces livres
,, ont été inspirés. Notre sainte Eglise qui a les
,, Juifs en horreur, nous apprend que les livres
,, Juifs ont été dictés par le Dieu Créateur & Pe-
,, re de tous les hommes; je ne puis en former
,, aucun doute, ni me permettre même le moin-
,, dre raisonnement.

(81) *Phil. de l'hist. page* 171.

„ Il est vrai que notre faible entendement ne
„ peut concevoir dans Dieu une autre sagesse,
„ une autre justice, une autre bonté que celle dont
„ nous avons l'idée; mais enfin, il a fait ce qu'il
„ a voulu; ce n'est pas à nous de le juger; je m'en
„ tiens toujours au simple historique.

„ Les Juifs ont une loi par laquelle il leur est
„ expressément ordonné de n'épargner aucune cho-
„ se, aucun homme dévoué au Seigneur, *on ne*
„ *pourra le racheter, il faut qu'il meure*, dit la loi
„ du Lévitique chap. 27. C'est en vertu de cette
„ loi qu'on voit Jephté immoler sa propre fille, le
„ prêtre Samuel couper en morceaux le Roi Agag.
„ Le Pentateuque nous dit que dans le petit pays
„ de Madian, qui est environ de neuf lieues quar-
„ rées, les Israëlites ayant trouvé six cents soi-
„ xante & quinze mille brebis, soixante & douze
„ mille bœufs, soixante & un mille ânes, & tren-
„ te-deux mille filles vierges, Moyse commanda
„ qu'on massacrât tous les hommes, toutes les fem-
„ mes & tous les enfans, mais qu'on gardât les
„ filles, dont trente-deux seulement furent immo-
„ lées. Ce qu'il y a de remarquable dans ce dé-
„ vouement, c'est que ce même Moyse était gen-
„ dre du grand prêtre des Madianites Jéthro qui
„ lui avait rendu les plus signalés services, & qui
„ l'avait comblé de bienfaits.

„ Le même livre nous dit que Josué fils de Nun,
„ ayant passé avec sa horde la riviere du Jourdain
„ à pied sec, & ayant fait tomber au son des trom-
„ pettes les murs de Jérico dévoué à l'anathême,
„ il fit périr tous les habitans dans les flammes;
„ qu'il conserva seulement Rahab la paillarde &
„ sa famille qui avait caché les espions du saint
„ peuple; que le même Josué dévoua à la mort

„ douze mille habitans de la vile de Haï, qu'il
„ immola au Seigneur trente & un Rois du pays,
„ tous foumis à l'anatheme & qui furent perdus.
„ Nous n'avons rien de comparable à ces affafi-
„ nats religieux dans nos derniers temps, fi ce
„ n'eft peut-être la St. Barthelemi & les maffa-
„ cres d'Irlande.

„ Ce qu'il y a de trifte, c'eft que plufieurs per-
„ fonnes doutent que les Juifs aient trouvé fix
„ cents foixante & quinze mille brebis, & trente-
„ deux mille filles pucelles dans le village d'un dé-
„ fert au milieu des rochers, & que perfonne ne
„ doute de la St. Barthelemi. Mais ne ceffon. de
„ répéter combien les lumieres de notre raifon
„ font impuiffantes pour nous éclairer fur les étranges
„ ges événemens de l'antiquité, & fur les rai-
„ fons que Dieu, maître de la vie & de la mort,
„ pouvait avoir de choifir le peuple Juif pour
„ exterminer le peuple Cananéen.

Nos chrétiens, il le faut avouer, n'ont que trop
imité ces anathemes barbares tant recommandés
chez les Juifs; c'eft de ce fanatifme que fortirent
les croifades qui dépeuplerent l'Europe pour aller
immoler en Syrie des Arabes & des Turcs à Jéfus-
Chrift. C'eft ce fanatifme qui enfanta les croifades contre nos freres innocents appellés hérétiques: c'eft ce fanatifme toujours teint de fang qui
produifit la journée infernale de la St. Barthelemi;
& remarquez que c'eft dans ce temps affreux de la
St. Barthelemi que les hommes étoient le plus a-
bandonnés à la Magie. Un prêtre nommé Séchel-
le brûlé pour avoir joint aux fortileges les empoi-
fonnements & les meurtres avoua dans fon inter-
rogatoire que le nombre de ceux qui fe croyoient
Magiciens paffoit dix-huit mille, tant la démence

de la Magie eſt toujours compagne de la fureur religieuſe, comme certaines maladies épidémiques en amènent d'autres, & comme la famine produit ſouvent la peſte.

Maintenant, qu'on ouvre toutes les annales du monde, qu'on interroge tous les hommes, on ne trouvera pas un ſeul théiſte coupable de ces crimes. Non, il n'y en a pas un qui ait jamais prétendu ſavoir l'avenir au nom du diable, ni qui ait été meurtrier au nom de Dieu.

On nous dira que les Athées ſont dans les mêmes termes, qu'ils n'ont jamais été ni des ſorciers ridicules, ni des fanatiques barbares. Hélas! que faudra-t-il en conclure? que les Athées tout audacieux, tout égarés qu'ils ſont, tout plongés dans une erreur monſtrueuſe, ſont encor meilleurs que les Juifs, les Payens & les chrétiens fanatiques.

Nous condamnons l'Athéiſme, nous déteſtons la ſuperſtition barbare; nous aimons Dieu & le genre humain; voilà nos dogmes.

Des Perſécutions chrétiennes.

ON a tant prouvé que la ſecte des chrétiens eſt la ſeule qui ait jamais voulu forcer les hommes, le fer & la flamme dans les mains, à penſer comme elle, que ce n'eſt plus la peine de le redire. On nous objête en vain que les Mahométans ont imité les chrétiens; cela n'eſt pas vrai. Mahomet & ſes Arabes ne violenterent que les Méquois qui les avoient perſécutés, ils n'impoſerent aux étrangers vaincus qu'un tribut annuel de douze drachmes par tête, tribut dont on pouvoit ſe racheter en embraſſant la religion Muſulmane.

Quand ces Arabes eurent conquis l'Eſpagne &

la Povince Narbonnoife, ils leur laiſſerent leur religion & leurs loix. Ils laiſſent encor vivre en
paix tous les chrétiens de leur vaſte Empire. Vous
ſavez, grand Prince, que le Sultan des Turcs
nomme lui-même le patriarche des chrétiens
Grecs, & pluſieurs Evêques. Vous ſavez que ces
chrétiens portent leur Dieu en proceſſion librement dans les rues de Conſtantinople, tandis que
chez les chrétiens il eſt de vaſtes pays où l'on con-
damne à la potence où à la roue tout paſteur Cal-
viniſte qui prêche, & aux galeres quiconque les
écoute. O nations! comparez & jugez.

Nous prions ſeulement les lecteurs attentifs de
relire ce morceau d'un petit livre excellent qui a
paru depuis peu, intitulé, Conſeils raiſonnables &c.

„ Vous parlez toujours de martyrs. Eh! Mon-
„ fieur, ne ſentez-vous pas combien cette miſé-
„ rable preuve s'éleve contre nous? Inſenſés &
„ cruels que nous ſommes, quels barbares ont ja-
„ mais fait plus de martyrs que nos barbares an-
„ cêtres? Ah! Monſieur, vous n'avez donc pas
„ voyagé? vous n'avez pas vu à Conſtance la pla-
„ ce où Jérome de Prague dit à un des bourreaux
„ du Concile qui voulait allumer ſon bucher par
„ derriere, *allume par devant, ſi j'avais craint les*
„ *flammes je ne ſerais pas venu ici.* Vous n'avez
„ pas été à Londres, où parmi tant de victimes
„ que fit brûler l'infame Reine Marie fille du ty-
„ ran Henri VIII., une femme accouchant au
„ pied du bucher, on y jetta l'enfant avec la me-
„ re par l'ordre d'un Evêque.

„ Avez-vous jamais paſſé dans Paris par la Grê-
„ ve où le Conſeiller clerc Anne Dubourg neveu
„ du Chancelier, chanta des cantiques avant ſon
„ ſupplice? Savez-vous qu'il fut exhorté à cette

,, héroïque conſtance par une jeune femme de
,, qualité nommée Madame de la Caille, qui fut
,, brûlée quelques jours après lui? Elle était char-
,, gée de fers dans un cachot voiſin du ſien, & ne
,, recevait le jour que par une petite grille prati-
,, quée en haut dans le mur qui ſéparait ces deux
,, cachots. Cette femme entendait le conſeiller qui
,, diſputait ſa vie contre ſes juges par les formes
,, des loix. *Laiſſez là*, lui cria-t-elle, *ces indignes*
,, *formes, craignez-vous de mourir pour votre Dieu?*

,, Voilà ce qu'un indigne hiſtorien tel que le Je-
,, ſuite Daniel n'a garde de rapporter, & ce que
,, d'Aubigné & les contemporains nous certifient.

,, Faut-il vous montrer ici la foule de ceux qui
,, furent exécutés à Lyon dans la place des Ter-
,, raux depuis 1546? Faut-il vous faire voir Ma-
,, demoiſelle de Cagnon ſuivant dans une charette
,, cinq autres charettes chargées d'infortunés con-
,, damnés aux flammes parce qu'ils avaient le mal-
,, heur de ne pas croire qu'un homme pût chan-
,, ger du pain en Dieu. Cette Fille malheureuſe-
,, ment perſuadée que la religion réformée eſt la
,, véritable, avait toujours répandu des largeſſes
,, parmi les pauvres de Lyon. Ils entouraient en
,, pleurant la charette où elle était traînée char-
,, gée de fers. *Hélas!* lui criaient-ils, *nous ne*
,, *recevrons plus d'aumône de vous. Eh bien*, dit-
,, elle, *vous en recevrez encor*, & elle leur jetta
,, ſes mules de velours que ſes bourreaux lui a-
,, vaient laiſſées.

,, Avez-vous vu la place de l'eſtrapade à Paris?
,, elle fut couverte ſous François I de corps ré-
,, duits en cendre. Savez-vous comme on les
,, faiſait mourir? on les ſuſpendait à de longues
,, baſcules qu'on élevait & qu'on baiſſait tour à

„ tour fur un vafte bucher, afin de leur faire fen-
„ tir plus longtems toutes les horreurs de la mort
„ la plus douloureufe. On ne jettait ces corps
„ fur les charbons ardents que lorfqu'ils étaient
„ prefque entiérement rotis, & que leurs mem-
„ bres retirés, leur peau fanglante & confumée,
„ leurs yeux brûlés, leur vifage défiguré ne leur
„ laiffaient plus l'apparence de la figure humaine.
„ Le Jéfuite Daniel fuppofe fur la foi d'un in-
„ fâme écrivain de ce tems-là, que François I.
„ dit publiquement qu'il traiterait ainfi le Dau-
„ phin fon fils s'il donnait dans les opinions des
„ réformés. Perfonne ne croira qu'un Roi qui
„ ne paffait pas pour un Néron ait jamais pro-
„ noncé de fi abominables paroles. Mais la vé-
„ rité eft que tandis qu'on faifait à Paris ces fa-
„ crifices de fauvages qui furpaffent tout ce que
„ l'Inquifition a jamais fait de plus horrible, Fran-
„ çois I. plaifantait avec fes courtifans, & cou-
„ chait avec fa maîtreffe. Ce ne font pas là,
„ Monfieur, des hiftoires de Ste. Potamienne,
„ de Ste. Urfule & des onze mille Vierges; c'eft
„ un récit fidele de ce que l'hiftoire a de moins
„ incertain.
„ Le nombre des martyrs réformés foit Vau-
„ dois, foit Albigeois, foit Evangéliques, eft in-
„ nombrable. Un nommé Pierre Bergier fut brû-
„ lé à Lyon en 1552. avec René Foyet parent
„ du chancelier Poyet. On jetta dans le même
„ bucher Jean Chambon, Louis Dimonet, Louis
„ de Marfac, Etienne de Gravot, & cinq jeunes
„ écoliers. Je vous ferais trembler fi je vous fai-
„ fais voir la lifte des martyrs que les proteftans
„ ont confervée.
„ Pierre Bergier chantait un pfeaume de Marot
en

,, en allant au fupplice. Dites nous en bonne foi
,, fi vous chanteriez un pfeaume latin en pareil
,, cas? Dites nous fi le fupplice de la potence, de
,, la roue ou du feu eft une preuve de la religion.
,, C'eft une preuve fans doute de la barbarie hu-
,, maine. C'eft une preuve que d'un côté il y a
,, des bourreaux, & de l'autre des perfuadés.

,, Non, fi vous voulez rendre la religion chré-
,, tienne aimable, ne parlez jamais de martyrs.
,, Nous en avons fait cent fois, mille fois plus
,, que tous les Payens Nous ne voulons point
,, répéter ici ce qu'on a tant dit des maffacres des
,, Albigeois, des habitans de Mérindol, de la
,, St. Barthelemi, de foixante ou quatre-vingt
,, mille Irlandais proteftans égorgés, affommés,
,, pendus, brûlés par les Catholiques; de ces mil-
,, lions d'Indiens tués comme des lapins dans des
,, garennes aux ordres de quelques moines. Nous
,, frémiffons, nous gémiffons; mais il faut le di-
,, re, parler de martyrs à des chrétiens, c'eft par-
,, ler de gibets & de roues à des bourreaux & à
,, des records".

Après tant de vérités, nous demandons au monde entier fi jamais un Théifte a voulu forcer un
homme d'une autre Religion à embraffer le Théifme, tout divin qu'il eft. Ah! c'eft parce qu'il eft
divin qu'il n'a jamais violenté perfonne. Un
Théifte a-t il jamais tué? Que dis-je, a-t-il
frappé un feul de fes infenfés adverfaires? Encor
une fois comparez & jugez.

Nous penfons enfin qu'il faut imiter le fage gouvernement Chinois, qui depuis plus de cinquante
fiecles offre à Dieu des hommages purs, & qui l'a-
dorant en efprit & en vérité, laiffe la vile populace fe vautrer dans la fange des étables des Bon-

ze⁵ ; il tolere ces Bonzes. & il les réprime ; il les
contient ſi bien qu'ils n'ont pu exciter le moindre
trouble ſous la domination Chinoiſe ni ſous la Tartare. Nous allons acheter dans cette terre antique de la porcelaine, du laque, du thé, des pa-
ravants, des magots, des commodes, de la ru-
barbe, de la poudre d'or : que n'allons-nous y a-
cheter la ſageſſe ?

D E S   M O E U R S.

LEs mœurs des Théiſtes ſont néceſſairement pures puiſqu'ils ont toujours le Dieu de la juſtice
& de la pureté devant les yeux, le Dieu qui ne
deſcend point ſur la terre pour ordonner qu'on
vole les Egyptiens, pour commander à Oſée de
prendre une concubine à prix d'argent & de cou-
ch r avec une femme adultere. (82).

Auſſi ne nous voit · on pas vendre nos femmes
comme Abraham ; nous ne nous enivrons point
comme Noé, & nos fils n'inſultent pas au mem-
bre reſpectable qui les a fait naître ; nos filles ne
couchent point avec leurs peres comme les filles
de Loth, & comme la fille du Pape Alexandre VI.
Nous ne violons point nos ſœurs comme Ammon
viola ſa ſœur Thamar ; nous n'avons point parmi
nous de prêtres qui nous applaniſſent la voie du
crime en oſant nous abſoudre de la part de Dieu
de toutes les iniquités que ſa loi éternelle condam-
ne. Plus nous mépriſons les ſuperſtitions qui nous
environnent, plus nous nous impoſons la douce
neceſſité d'être juſtes & humains. Nous regardons tous les hommes avec des yeux fraternels ;

(82) *Oſée chap. 1.*

nous les fecourons indiftinctement : nous tendons des mains favorables aux fuperftitieux qui nous outragent.

Si quelqu'un parmi nous s'écarte de notre loi divine, s'il eft injufte & perfide envers fes amis, ingrat envers fes bienfaicteurs ; fi fon orgueil inconftant & féroce contrifte fes freres, nous le déclarons indigne du faint nom de Théifte ; nous le rejettons de notre fociété ; mais fans lui vouloir de mal, & toujours prêts à lui faire du bien ; perfuadés qu'il faut pardonner, & qu'il eft beau de faire des ingrats.

Si quelqu'un de nos freres vouloit apporter le moindre trouble dans le gouvernement, il ne feroit plus notre frere. Ce ne furent certainement pas des Théiftes qui exciterent autrefois les révoltes de Naples, qui ont trempé récemment dans la confpiration de Madrid, qui allumerent les guerres de la fronde & des Guifes en France, celle de trente ans dans notre Allemagne &c. &c. &c. Nous fommes fideles à nos Princes, nous payons tous les impôts fans murmures. Les Rois doivent nous regarder comme les meilleurs citoyens & les meilleurs fujets. Séparés du vil peuple qui n'obéit qu'à la force & qui ne raifonne jamais, plus féparés encor des Théologiens qui raifonnent fi mal, nous fommes les foutiens des trônes que les difputes eccléfiaftiques ont ébranlés pendant tant de fiecles.

Utiles à l'Etat, nous ne fommes point dangereux à l'Eglife ; nous imitons Jéfus qui alloit au Temple.

De la Doctrine des Théistes.

ADorateurs d'un Dieu, amis des hommes, compatiſſants aux ſuperſtitions mêmes que nous réprouvons, nous reſpectons toute ſociété, nous n'inſultons aucune ſecte; nous ne parlons jamais avec dériſion, avec mépris de Jéſus qu'on appelle le Chriſt, au contraire nous le regardons comme un homme diſtingué entre les hommes par ſon zéle, par ſa vertu, par ſon amour de l'égalité fraternelle; nous le plaignons comme un réformateur peut-être un peu inconſidéré, qui fut la victime des fanatiques perſécuteurs.

Nous révérons en lui un Théiſte Iſraëlite, ainſi que nous louons Socrate qui fut un Théiſte Athénien. Socrate adoroit un Dieu & l'appelloit du nom de *pere*, comme le dit ſon Evangéliſte Platon. Jéſus appella toujours Dieu du nom de *pere*, & la formule de priere qu'il enſeigna commence par ces mots ſi communs dans Platon, *notre pere*. Ni Socrate, ni Jéſus n'écrivirent jamais rien; ni l'un ni l'autre n'inſtitua une Religion nouvelle. Certes, ſi Jéſus avoit voulu faire une Religion, il l'auroit écrite. S'il eſt dit que Jéſus envoya ſes Diſciples pour baptiſer, il ſe conforma à l'uſage. Le baptême étoit d'une très haute antiquité chez les Juifs; c'étoit une cérémonie ſacrée, empruntée des Egyptiens & des Indiens, ainſi que preſque tous les Rites Judaïques. On baptiſoit tous les Proſélites chez les Hébreux. Les mâles recevoient le baptême après la circonciſion. Les femmes proſélites étoient baptiſées; cette cérémonie ne pouvoit ſe faire qu'en préſence de trois anciens au moins; ſans quoi la régénération étoit nulle. Ceux qui parmi les Iſraëlites aſpiroient à une plus haute perfection se faisoient baptiser dans le Jourdain. Jésus lui-même se fit baptiser par Jean, quoiqu'aucun de ses Apôtres ne fut jamais baptisé.

Si Jésus envoya ses Disciples pour chasser les diables, il y avoit déja très-longtems que les Juifs croyoient guérir des possédés & chasser des diables. Jésus même l'avoue dans le livre qui porte le nom de Matthieu (83). Il convient que les enfans même chassoient les diables.

Jésus à la vérité observa toutes les institutions Judaïques; mais par toutes ses invectives contre les prêtres de son tems, par les injures atroces qu'il disoit aux Pharisiens, & qui lui attirerent son supplice, il paroît qu'il faisoit aussi peu de cas des superstitions Judaïques que Socrate des superstitions Athéniennes.

Jésus n'institua rien qui eût le moindre rapport aux dogmes Chrétiens; il ne prononça jamais le mot de Chrétien: quelques-uns de ses Disciples ne prirent ce surnom que plus de trente ans après sa mort.

L'idée d'oser faire d'un Juif le Créateur du ciel & de la terre, n'entra certainement jamais dans la tête de Jésus. Si on s'en rapporte aux Evangiles, il étoit plus éloigné de cette étrange prétention que la terre ne l'est du ciel. Il dit expressément avant d'être supplicié, *je vais à mon pere qui est votre pere, à mon Dieu qui est votre Dieu.* (84).

Jamais Paul, tout ardent entousiaste qu'il étoit, n'a parlé de Jésus que comme d'un homme choisi par Dieu même pour ramener les hommes à la justice.

(83) *Matthieu chap.* 12.
(84) *Jean chap.* 20.

Ni Jéfus, ni aucun de fes Apôtres n'a dit qu'il eût deux natures & une perfonne avec deux volontés; que fa mere fût mere de Dieu, que fon efprit fût la troifieme perfonne de Dieu, & que cet efprit procédoit du pere & du fils. Si on trouve un feul de ces dogmes dans les quatre Evangiles, qu'on nous le montre, qu'on ôte tout ce qui lui eft étranger, tout ce qu'on lui a attribué en divers tems au milieu des difputes les plus fcandaleufes & des Conciles qui s'anathêmatiferent les uns les autres avec tant de fureur, que reste-t-il en lui? un adorateur de Dieu qui a prêché la vertu, un ennemi des Pharifiens, un jufte, un Théifte; nous ofons dire que nous fommes les feuls qui foient de fa Religion, laquelle embraffe tout l'univers dans tous les temps, & qui par conféquent eft la feule véritable.

Que toutes les Religions doivent refpecter le Théifme.

APrès avoir jugé par la raifon entre la fainte & eternelle religion du Théifme, & les autres religions fi nouvelles, fi inconftantes, fi variables dans leurs dogmes contradictoires, fi abandonnées aux fuperftitions, qu'on les juge par l'hiftoire & par les faits; on verra dans le feul chriftianifme plus de deux cents fectes différentes qui crient toutes, *mortels, achetez chez moi, je fuis la feule qui vend la vérité, les autres n'étalent que l'impofture.*

Depuis Conftantin, on le fait affez, c'eft une guerre perpétuelle entre les chrétiens, tantôt bornée aux fophifmes, aux fourberies, aux cabales, à la haine, & tantôt fignalée par les carnages.

Le chriftianifme tel qu'il eft, & tel qu'il n'au-

rait pas dû être, fe fonda fur les plus honteufes
fraudes, fur cinquante Evangiles apocriphes, fur
les Conftitutions Apoftoliques reconnues pour fu-
pofées, fur des fauffes Lettres de Jéfus, de Pilate, de Tibere, de Séneque, de Paul, fur les ridicules récognitions de Clément fur l'impofteur qui
a pris le nom d'Hermas, fur l'impofteur Abdias,
l'impofteur Marcel, l'impofteur Egefipe, fur la fuppofition de miférables vers attribués aux Sibilles.
Et après cette foule de menfonges vient une foule d'interminables difputes.

Le Mahométifme plus raifonnable en apparence
& moins impur, annoncé par un feul prophete
prétendu, enfeignant un feul Dieu, configné dans
un feul livre autentique, fe divife pourtant en deux
fectes qui fe combattent avec le fer, & en plus de
douze qui s'injurient avec la plume.

L'antique religion des Bracmanes fouffre depuis
longtems un grand fchifme. Les uns tiennent pour
le Charthabhad, les autres pour l'Othorabhad. Les
uns croient la chute des animaux céleftes à la place defquels Dieu forma l'homme; fable qui paffa
enfuite en Syrie & même chez les Juifs du tems
d'Hérode. Les autres enfeignent une Cofmogonie
contraire.

Le Judaïfme, le Sabifme, la Religion de Zoroaftre rampent dans la pouffiere. Le culte de Tyr
& de Carthage eft tombé avec ces puiffantes villes. La Religion des Militades & des Périclès,
celle des Paul Emile & des Caton ne font plus;
celle d'Odin eft anéantie: les myfteres & les monftres d'Egypte ont difparu; la langue même d'Ofi-
ris devenue celle des Ptoloméés, eft ignorée de
leurs defcendants; le Théifme feul eft refté debout
parmi tant de viciffitudes, & dans le fracas de

tant de ruines, immuable comme le Dieu qui en eſt l'auteur & l'objet éternel.

Bénédictions ſur la Tolérance.

SOyez béni à jamais, Sire. Vous avez établi chez vous la liberté de conſcience. Dieu & les hommes vous en ont récompenſé. Vos peuples multiplient, vos richeſſes augmentent, vos états proſperent, vos voiſins vous imitent, cette grande partie du monde devient plus heureuſe.

Puiſſent tous les Gouvernemens prendre pour modele cette admirable loi de la Penſilvanie, dictée par le pacifique Pen, & ſignée par le Roi d'Angleterre Charles II. le 4 Mars 1681.

,, La liberté de conſcience étant un droit que ,, tous les hommes ont reçu de la nature, avec ,, l'exiſtence, il eſt fermement établi que perſonne ,, ne ſera jamais forcé d'aſſiſter à aucun exercice ,, public de Religion. Au contraire, il eſt donné ,, plein pouvoir à chacun de faire librement exer- ,, cice public ou privé de ſa Religion, ſans qu'on ,, le puiſſe troubler en rien, pourvu qu'il faſſe ,, profeſſion de croire un Dieu éternel, tout puiſ- ,, ſant, formateur & conſervateur de l'univers. ''

Par cette loi le Théiſme a été conſacré comme le centre où toutes les Lignes vont aboutir, comme le ſeul principe néceſſaire. Auſſi qu'eſt-il arrivé? La colonie pour la quelle cette loi fut faite n'étoit alors compoſée que de cinq cents têtes, elle eſt aujourd'hui de trois cents mille. Nos Souabes, nos Salsbourgeois, nos Palatins, pluſieurs autres colons de notre baſſe Allemagne, des Suédois, des Holſtenois ont couru en foule à Philadelphie. Elle eſt devenue une des plus belles &

des plus heureuſes villes de la terre & la métropole
de dix villes conſidérables Plus de vingt religions
ſont autoriſées dans cette province floriſſante ſous
la protection du Théiſme leur pere qui ne détour-
ne point les yeux de ſes enfans, tout oppoſés qu'ils
ſont entr'eux, pourvu qu'ils ſe reconnoiſſent pour
freres. Tout y eſt en paix ; tout y vit dans une
heureuſe ſimplicité, pendant que l'avarice, l'ambition, l'hypocriſie oppriment encore les conſcien-
ces dans tant de provinces de notre Europe. Tant
il eſt vrai que le Théiſme eſt doux & que la ſuperſtition eſt barbare.

Que toute religion rend témoignage au Théiſme.

TOute Religion rend malgré elle hommage au
Théiſme, quand même elle le perſécute. Ce ſont
des eaux corrompues partagées en cent canaux
dans des terreins fangeux ; mais la ſource eſt pure.
Le Mahométan dit, *je ne ſuis ni Juif, ni Chrétien, je remonte à Abraham, il n'étoit point idolâ-
tre, il adoroit un ſeul Dieu.* Interrogez Abraham,
il vous dira qu'il étoit de la Religion de Noé qui
adoraît un ſeul Dieu. Que Noé parle, il con-
feſſera qu'il étoit de la Religion de Seth ; & Seth
ne poura dire autre choſe ſinon qu'il étoit de la
Religion d'Adam qui adoroit un ſeul Dieu.

Le Juif & le Chrétien ſont forcés, comme nous
l'avons vu, de remonter à la même origine. Il
faut qu'il avouent que ſuivant leurs propres livres
le Théiſme a régné ſur la terre juſqu'au déluge
pendant 1656 ans ſelon la Vulgate, pendant 2262
ans ſelon les Septante, pendant 2309 ans ſelon
les Samaritains, & qu'ainſi à s'en tenir au plus
faible nombre le Théiſme a été la ſeule Religion

divine pendant 2513 années jufqu'au temps où les
Juifs difent que Dieu leur donna une loi particuliere dans un défert.

Enfin, fi le calcul du pere Pétau étoit vrai, fi
felon cet étrange philofophe qui a fait, com ne on
l'a dit, tant d'enfans à coups de plume, il y avoit
fix cents vingt-trois milliar 1s fix cents douze millions d'hommes fur la terre defcendants d'un feul
fils de Noé, fi les deux autres freres en avo ent
produit chacun autant, fi par conféquent la terre
re fut peuplée de plus de dix neuf cents milliar ls
de fideles, en l'an 285 après le déluge, & cela
vers le temps de la naiffance d'Abraham felon
Pétau; & fi les hommes en ce temps la n'avoient
pas corrompu leurs voies; il s'enfuit évidemment
qu'il y eut alors environ dix-neuf ce ts milliards
de Théiftes, de plus qu'il n'y a aujourd'hui d'hommes fur le terre.

Remontrance à toutes les Religions.

POurquoi donc vous élevez-vous aujourd'hui a-
vec tant d'acharnement contre le Théifme, Religions nées de fon fein? vous qui n'avez le
refpectable que l'empreinte de fes traits défigurés
par vos fuperftitions & par vos fables? vous filles
parricides qui voulez détruire votre pere: quelle
eft la caufe de vos continuelles fureurs? Craignez-
vous que les Théiftes ne vous traitent comme vous
avez traité le Paganifme, qu'ils ne vous enlevent
vos temples, vos revenus, vos honneurs? Raffu-
rez vous, vos craintes font chimériques. Les
Théiftes n'ont point de fanatifme; ils ne peuvent
donc faire de mal; ils ne forment point un corps,
ils n'ont point de vues ambitieufes; répandus fur

la face de la terre, ils ne l'ont jamais troublée:
l'antre le plus infect des moines les plus imbéciles, peut cent fois plus fur la populace que tous
les Théistes du monde; ils ne s'assemblent point,
ils ne prêchent point, ils ne font point de cabales. Loin d'en vouloir aux revenus des temples,
ils souhaitent que les Eglises, les Mosquées, les
Pagodes de tant de villages aient tous une subsi-
stance honnête ; que les Curés, les Mollas, les
Brames, les Talapoins, les Bonzes, les Lamas des
campagnes soient plus à leur aise pour avoir plus
de soin des enfans nouveaux nés, pour mieux
secourir les malades, pour porter plus décemment
les morts à la terre ou au bucher : ils gémissent
que ceux qui travaillent le plus, soient les moins
récompensés.

Peut être font-ils surpris de voir des hommes
voués par leurs serments à l'humilité & à la pauvreté, revêtus du titre de Princes, nageants dans
l'opulence & entourés d'un faste qui indigne les citoyens. Peut-être ont-ils été révoltés en secret
lorsqu'un prêtre d'un certain pays a imposé des
loix aux Monarques & des tributs à leurs peuples;
ils désireroient pour le bon ordre, pour l'équité
naturelle, que chaque Etat fût absolument indépendant ; mais ils se bornent à des souhaits : &
ils n'ont jamais prétendu ramener la justice par
la violence.

Tels font les Théistes ; ils font freres aînés
du genre humain, & ils chérissent leurs freres.
Ne les haïssez donc pas, supportez ceux qui vous
supportent ; ne faites point de mal à ceux qui ne
vous en ont jamais fait, ne violez point l'antique
précepte de toutes les Religions du monde, qui
est celui d'aimer Dieu & les hommes.

Théologiens qui vous combattez tous, ne combattez plus ceux dont vous tenez votre premier dogme. Muphti de Conſtantinople, Sherif de la Mecque, grand Brame de Bénarès, Dalai Lama de Tartarie qui êtes immortel, Evêque de Rome qui êtes infaillible, & vous leurs ſuppots qui tendez vos mains & vos manteaux à l'argent comme les Juifs à la manne, jouïſſez tous en paix de vos biens & de vos honneurs, ſans haïr, ſans inſulter, ſans perſécuter les innocens, les pacifiques Théiſtes, qui formés par Dieu même tant de ſiecles avant vous, dureront auſſi plus que vous dans la multitude des ſiecles.

Réſignation, & non gloire à Dieu, il eſt trop audeſſus de la gloire.

REMONTRANCES DU CORPS DES PASTEURS DU GEVAUDAN.

A ANTOINE JEAN RUSTAN, Paſteur Suiſſe à Londres.

I.

Que Prêtre doit être modeſte.

Notre cher & vénérable Confrere, nous avons lu avec douleur votre Facétie intitulée, *l'Etat préſent du Chriſtianiſme.* Vous avouez, il eſt vrai, (page 7.) que *l'ami de la vérité doit être toujours décent & modeſte.* Ah! notre frere, montrez-nous votre foi par vos œuvres. Vous inſultez dans votre licencieux écrit les hommes les plus reſpectables, François & Anglais, & même juſqu'à ceux

qui nous ont rendu les plus grands services, qui
ont souvent arrêté le bras du Ministere apesanti
sur nous en France, qui ont inspiré la tolérance
à tant de Magistrats, qui ont été les principaux
moteurs de la réhabilitation des Calas, & de la
justice rendue après trois ans de soins, aux cen-
dres de notre frere innocent roué & brûlé dans
Toulouse. Ignorez-vous qu'ils ont tiré des galeres plusieurs de nos martyrs! Ignorez-vous qu'aujourd'hui même ils travaillent à nous procurer un
asyle où nous puissions jouir de la liberté qui est
le droit de tous les hommes? C'est à eux qu'on
doit le mépris où est tombée la tyrannie de la Cour
de Rome & tout ce qu'on ose contre elle; & vous
prenez ce tems-là pour faire contre eux un Libelle! Hélas! notre vénérable camarade, vous ne
connaissez pas l'esprit du Gouvernement de France, il regarde la Cour de Rome comme une usur-
patrice; & nous, comme des factieux. Louis XIV.
d'une main saisissait Avignon, & nous faisait rouer
de l'autre.

Voilà pourquoi des chrétiens catholiques ont
fait mourir tant de Pasteurs protestants; c'est le
cas, notre ami, de vous dire: *ce n'est pas le tout
d'être roué, il faut encor être poli.*

Nous demandons pardon au Seigneur de répéter ce mauvais quolibet; mais en vérité il ne convient que trop à notre triste situation & à votre
Libelle diffamatoire. Ne voyez-vous pas que vous
justifiez en quelque sorte nos cruels persécuteurs.
Ils diront: nous ne pendons, nous ne rouons que
des brouillons insolents qui troublent la Société.
Vous attaquez vos Sauveurs, ceux qui ont prêché
la Tolérance; ne voyez-vous pas qu'ils n'ont pu
obtenir cette Tolérance pour les Calvinistes paisi-

bies fans infpirer l'indifférence pour les dogmes, &
qu'on nous pendrait encor fi cette indifférence n'é-
tait pas établie ? Remercions nos bienfaiêteurs. Ne
les outrageons pas.

Vous avez de l'efprit, vous ne manquez pas d'é-
loquence ; mais malheureufement vous joignez à
d'infipides railleries un ftile violent & emporté
qui ne convient nullement à un Prêtre à qui nous
avons impofé les mains ; & nous craignons pour
vous que fi jamais vous revenez en France, vous
ne trouviez dans la foule de ceux que vous outra-
gez fi indignement des gens qui auront les mains
plus lourdes que nous.

De quoi vous avifez-vous (page 148) de dire
que *tous les prépofés aux Finances*, (fans faire la
moindre exception) *font des fangfues du peuple,
des fripons qui femblent n'avoir en dépôt la puiffance
du Souverain que pour la rendre déteftable.* Quoi !
notre malheureux frere ! le Chancelier de l'Échi-
quier, les Gardes des Rôles font des coquins felon
vous ? Les Chambres des Finances de tous les É-
tats, le Contrôleur Général & les Intendants de
France méritent la corde ? Vous ofez ajouter qu'*il
ferait difficile d'ajouter à la haine & au mépris que
les Parlements & les peuples ont pour eux.*

C'eft donc ainfi que vous voulez juftifier ces paroles: *que celui qui n'écoute pas l'affemblée foit regardé comme un Payen & un Publicain.* Vous ne défendez la Religion Chrétienne que par des difcours
qui vous attireraient le pilori. A-t-on jamais vu
une infolence fi brutale & fi puniffable ? Et quel
eft l'homme qui s'éleve ainfi contre un miniftere
néceffaire à tous les Etats ? Y penfez-vous bien
notre frere ? Avez-vous oublié qui vous êtes ?

Nous ne fommes pas étonnés que vous vous

déchaîniez contre la nobleſſe. Vous dites qu'*il eſt
permis aux ſots d'en faire le bouclier de leur ſottiſe*
(pag. 93.) *& que les gens ſenſés ne connaiſſent de
noble que l'homme de bien*; c'eſt un *ſcandalum magnatum*; c'eſt le diſcours d'un vil ſéditieux & non
pas d'un miniſtre de l'Evangile. Tout juré vuidangeur, tout gadouard, tout ſavetier, tout géolier, tout bourreau même, peut ſans doute être
homme de bien ; mais il n'eſt pas noble pour cela.
Ceſſez d'outrer la malheureuſe manie de votre ami
Jean Jaques Rouſſeau qui crie que tous les hommes ſont égaux Ces maximes ſont le fruit d'un
orgueil ridicule qui détruirait toute ſociété. Songez que Dieu a dit par la bouche de Jéſus fils de
Sirach: *Je hais , je ne puis ſupporter le gueux ſuperbe.*

Oui, notre frere, tous les hommes ſont égaux,
en ce qu'ils ont les mêmes membres & les mêmes
beſoins, les mêmes droits à la Juſtice diſtributive;
mais ils ne peuvent pas tous être à la même place. Il eſt de la différence entre le Soldat & le Capitaine, entre le Sujet & le Prince, entre le Plaideur & le Juge. Le grand Dieu nous préſerve
de vouloir vous humilier; mais quand votre père
était à l'hôpital de Genève, où ſon yvrognerie le
conduiſit aſſez ſouvent, était-il l'égal des Directeurs de l'hôpital & du premier Sindic? Prenez
garde qu'on ne vous diſe: *ne ſutor ultra crepidam.*

Nous ſavons que Mr. Rilliet a dit aux Genevois chez qui nous accourons en foule de nos Provinces, qu'ils ſont au deſſus des Ducs & Pairs de
France, & des Grands d'Eſpagne. Si cela eſt, il
n'y a point là d'égalité, puiſque les Genevois ſont
ſupérieurs; mais remarquez bien que Mr. Rilliet

n'a parlé qu'aux Citoyens & que vous n'êtes pas Citoyen.

Vous répondrez que vous êtes Prêtre, & que felon le revérend D & ur Hic:, *le Prêtre eſt au-deſſus du Prince, que les Rois & les Reines doivent fléchir le genou devant un Prêtre Que vouloir juger un Prêtre c'eſt vouloir juger Dieu lui même*, &c. Nous convenons de toutes ces vérités. Cependant il eſt toujours bon d'être modeſte : car Euripide a dit :

> Sterkei de me Sôphroſuna
> Dorema Calliſton theon ;

& Plutarque dit auſſi de merveilleuſes choſes fur la modeſtie.

I I.

Que Prêtre de l'Egliſe Suiſſe à Londres doit être Chrétien.

Notre vénérable frere, vous dites (page 18. de votre Libelle) *que vous n'êtes pas Chrétien, mais que vous ſeriez bien fâché de voir la chûte du Chriſtianiſme, ſurtout dans votre Patrie.* Nous ignorons ſi vous entendez par votre Patrie, l'Angleterre où vous prêchez, ou b en la France dont vous êtes originaire, ou bien Genève qui vous a nourri. Mais nous ſommes très fâchés que vous ne ſoyez pas Chrétien. Vous vous excuſerez peut-être en diſant que ce n'eſt pas vous qui parlez, que c'eſt un de vos amis, dont vous rapportez un très long diſcours. Mais comment pouvez-vous être l'ami intime d'un homme qui n'eſt pas Chrétien & qui

eſt

eſt ſi bavard? On voit trop que ce bon ami c'eſt vous - même. Vous lui prêtez vos phraſes, votre ſtile déclamatoire; on ne peut s'y méprendre ; ce bon ami c'eſt Ruſtan. *Tu es ille vir.*

Je mets cet ami, dites-vous (page 23.) *au deſſus des Chrétiens vulgaires.* Toujours de l'orgueil, notre frere! toujours de la ſuperbe! ne vous corrigerez vous jamais? Chriſt ſignifie Oint, Chrétien ſignifie Onctueux. Mettez donc de l'onction dans vos paroles, & de la charité dans votre conduite. Ne faites plus de libelle, parlez ſur-tout avec décence de Jeſus-Chriſt. Vous l'appellez (page 61.) *fils putatif d'un Charpentier.* Ah? frere, que celà eſt indécent dans un Paſteur! fils putatif entraîne de ſi vilaines idées! fy! ne vous ſervez jamais de ces expreſſions groſſieres ; mais hélas! à qui adreſſons-nous notre correction fraternelle! à un homme qui n'eſt pas Chrétien. Revenez au giron, cher frere, faites vous rebatiſer, mais que ce ſoit par immerſion. Le bain eſt excellent pour les cerveaux trop allumés.

I I I.

Que Prêtre ne doit point engager les gens dans l'athéiſme.

VOus employez votre ſeconde Lettre à prouver que tous les Théiſtes ſont Athées. Mais c'eſt comme ſi vous diſiez que tous les Muſulmans, les Chinois, les Parſis, les Tartares qui ne croient qu'en un ſeul Dieu, ſont Athées. Où eſt votre logique, frere? adorer un ſeul Dieu eſt-ce n'en point reconnaître? non content de cette extravagance, vous pouſſez la déraiſon juſqu'à prétendre

L

que les Athées feraient intolérants s'ils étaient les maîtres. Mais qui vous l'a dit ? où avez vous pris cette chimere ? fouvenez vous de ce proverbe des anciens Arabes rapporté par Benfira : *qu'y a-t-il de meilleur fur la terre? la Tolérance.*

On vous accufe vous d'être intolérant comme le font tous les parvenus orgueilleux. Vous nous apprenez que vous n'êtes point Chrétien : nous favons que vous ne penfez pas que Jéfus foit confubftantiel à Dieu. Vous êtes donc Théifte. Vous affurez que les Théiftes font Athées ; voyez quelle conclufion on doit tirer de vos beaux arguments ? ah ! notre pauvre frere, vous n'avez pas le fens commun. Les Directeurs de l'hopital de Genève fe repentent bien de vous avoir fait apprendre à lire & à écrire. Si jamais vous y revenez, vous y pourez caufer de grands maux & furtout à vousmême. Vous avez dans l'efprit une inquiétude & une violence, & dans le ftile une virulence qui vous attirera de méchantes affaires. Vous commençates avant d'être Prétre, & avant même que vous fuffiez précepteur chez Mr. Labat, par faire un Libelle fcandaleux contre Louis XIV : & contre le miniftere de Louis XV. Mr. De Montpérou le fit fupprimer par les Scolarques. Songez que les Rois ont les bras longs ; & que vous nous expofez à porter la peine de vos fottifes.

I V.

Que Prêtre, foit réformé, foit réformable, ne doit ni déraifonner, ni mentir, ni colomnier.

VOus accufez la Suiffe & Genève (dans votre troifieme Lettre à je ne fais qui, page 47.) *de*

produire de petits Docteurs incrédules. Vous avez
entendu, dites-vous, *des femmes beaux esprits ar-*
gumenter dans Genève contre Jésus-Christ, & faire
les agréables sur l'histoire des Evangiles.

Nous jugeons qu'il est infâme de calomnier ainsi & la Ville qui vous a nourri par charité &
tout le pays Helvétique Si vous ne voulez pas
être Chretien à la bonne heure : nous sommes
tolérants, soyez Juif, ou Mahométan, ou Gué-
bre ou Brame, ou Sabéen, ou Confutféiste, ou
Spinosiste, ou Anabatiste, ou Hernoutre, ou Pié-
tiste, ou Méthodiste, ou Janséniste, pourvu que
vous soyez honnête. Mais n'accusez pas les Suis-
ses & les Génevois vos bienfaicteurs d'être sans
Religion. Portez surtout un grand respect aux
Dames ; c'est par elles qu'on parvient ; c'est Hé-
lene l'intendante des Ecuries de Constance Clore,
qui mit la Religion Chrétienne sur le thrône de
Constantin son bâtard. Ce sont des Reines qui
ont rendu l'Angleterre, la Hongrie, la Russie
Chrétiennes. Nous fumes protégés par la Duches-
se de Ferrare, par la mere & la sœur du grand
Henri IV. Nous avons toujours besoin de dévotes ; ne les aliénez pas de nous. Si les femmes
nous abandonnent, nous sommes perdus.

Loin que la Suisse, Genève, la basse Allemagne, l'Angleterre, renoncent comme vous le prétendez au Christianisme, tous ces pays devenus
plus éclairés demandent un Christianisme plus pur.
Les Laïques sont instruits, & trop instruits aujourd'hui pour les Prêtres. Les Laïques savent que
la décision du premier Concile de Nicée fut faite
contre le vœu unanime de dix-sept Evêques &
de deux mille Prêtres. Ils croient qu'il est impossible que deux personnes soient la même chose, ils

croient qu'un homme ne peut pas avoir deux natures. Ils croient que le péché originel fut inventé par Auguſtin.

Ils ſe trompent ſans doute, mais ayons pour eux de l'indulgence. Ils réverent Jéſus : mais Jéſus ſage, modeſte & juſte, qui jamais, diſent-ils, n'a fait ſa proie de s'égaler à Dieu, Jéſus qui jamais n'a dit avoir deux natures & deux volontés ; le Jéſus véritable en un mot & non pas le Jéſus qu'ils prétendent défiguré dès les premiers temps, & encor plus dans les derniers.

On a fait une petite réforme au ſeizieme ſiecle, on en demande partout une nouvelle à grands cris. Le zèle eſt peut-être trop fort, mais on veut adorer Dieu & non les chimeres des hommes.

Nous nous ſouviendrons toute notre vie d'un de nos Confreres du Gévaudan (ce n'eſt pas de la bête dont nous voulons parler.) C'eſt d'un Paſteur qui faiſait aſſez joliment des vers pour un homme qui n'avait jamais été à Paris ; il nous dit quelques heures avant de rendre ſon ame à Dieu.

> Amis j'ai longtems combattu
> Pour le fanatiſme & la fable ;
> Moins de dogme & plus de vertu.
> Voilà le culte véritable.

Ces paroles ſe graverent dans tous nos cœurs. Hélas ce ſont les diſputes ſur le dogme qui ont tout perdu. Ces ſeuls mots *tu es pierre & ſur cette pierre je fonderai mon aſſemblée*, ont produit ſept cents ans de guerre entre les Empereurs & les Papes. Les interprétations de deux ou trois autres paroles ont inondé la terre de ſang ; le dogme eſt ſouvent diabolique comme vous ſavez, & la morale eſt divine.

V.

Que Prêtre doit ſe garder de dire des ſottiſes le plus qu'il poura.

Ce n'eſt qu'une bagatelle de dire que c'eſt Mr. De la Chalotais qui vous a appris que les ſauvages n'admettent ni ne nient la Divinité; cela ſe trouve à l'article *Athée* dans toutes les éditions du Dictionnaire Philoſophique, recueil tiré des meilleurs Auteurs Anglais & Français, recueil imprimé longtemps avant le livre de Mr. De la Chalotais, recueil enfin où l'on trouve pluſieurs articles d'un de nos plus illuſtres confreres, pluſieurs de Mr. Abauzit, pluſieurs tirés de Midleton, &c. Voici le paſſage en queſtion.

„ Il y a des peuples Athées, dit Bayle, dans
„ ſes penſées ſur les Cometes. Les Caffres, les
„ Hottentots, les Topinamboux, & beaucoup
„ d'autres petites nations, n'ont point de Dieu ;
„ mais ils ne le nient ni ne l'affirment; ils n'en
„ ont jamais entendu parler; dites leur qu'il y en
„ a un, ils le croient aiſément ; dites leur que
„ tout ſe fait par la nature des choſes, ils vous
„ croiront de même. Prétendre qu'ils ſont A-
„ thées, c'eſt la même imputation que ſi on diſait
„ qu'ils ſont Anti-Cartéſiens; ils ne ſont ni pour,
„ ni contre Deſcartes. Ce ſont de vrais enfans;
„ un enfant n'eſt ni Athée, ni Déiſte ; il n'eſt
„ rien

„ Quelle concluſion tirerons-nous de tout ce-
„ ci ? Que l'Athéiſme eſt un ſyſtême très perni-

„ cieux dans ceux qui gouvernent, & qu'il l'eft
„ auffi dans les gens de Cabinet, quoique leur vie
„ foit innocente ; parce que de leur Cabinet il
„ peut percer jufqu'à ceux qui font en place; que
„ s'il n'eft pas fi funefte que le fanatifme, il eft
„ prefque toujours fatal à la vertu. Ajoutons fur-
„ tout qu'il y a moins d'Athées aujourd'hui que
„ jamais, depuis que les Philofophes ont reconnu
„ qu'il n'y a aucun être végétant fans germe, au-
„ cun germe fans deffein, &c. & que le bled ne
„ vient point de pourriture.

„ Des géometres non philofophes ont rejetté
„ les caufes finales: mais les vrais Philofophes les
„ admettent ; & comme l'a dit un Auteur très-
„ connu, *un Catéchifte annonce Dieu aux enfans,*
„ *& Newton le démontre aux fages.*

Mais voici des chofes plus férieufes. On dit
que vous êtes un Théifte inconfidéré, un Théifte
vacillant, un Théifte inconftant, un Chrétien dé-
ferteur, un mauvais Chrétien, un mauvais Théifte, un calomniateur de tous les partis. On vous
reproche de falfifier tout ce que vous rapportez;
de mentir continuellement en attaquant fans pudeur & le Théifme & le Chriftianifme. On fe
plaint que vous imputiez dans vingt endroits aux
Théiftes, de n'admettre, ni peines, ni récompen-
fes après la mort, que vous les accufiez de reffembler à la fois aux Epicuriens qui n'admettent
que des Dieux inutiles, & aux Juifs, qui jufqu'au
tems d'Hérode ne connurent ni l'immortalité de
l'ame, dont le Pentateuque n'a jamais parlé, ni la
juftice de Dieu dans une autre vie de laquelle le
Pentateuque n'a pas parlé d'avantage. Vous ofez
charger de ces impiétés les plus fages, les plus
pieux Théiftes, c'eft-à-dire ceux qui ouvrent le

sanctuaire de la Religion par les mains de Dieu
même avant d'y entrer avec Jésus; lisez leurs livres, & voyez y votre comdamnation.

La Profession de foi des Théistes est un ouvrage
presque divin adressé à un grand Roi. On y lit
ces paroles (pag. 7.) „ Nous adorons depuis le
„ commencement des choses la Divinité unique,
„ éternelle, rémunératrice de la vertu & venge-
„ resse du crime, jusques là tous les hommes sont
„ d'accord, tous répetent après nous cette con-
„ fession de foi. Le centre où tous les hommes
„ se réunissent dans tous les tems, dans tous les
„ lieux est donc la vérité & les écarts de ce cen-
„ tre sont donc le mensonge.

Au reste quand nous disons que cet ouvrage est
presque divin, nous ne prétendons louer que la
saine morale, l'adoration de l'Etre Suprême, la
bienfaisance, la tolérance que ce petit livre ensei-
gne & nous regardons ces préceptes comme des
préparations à l'Evangile.

Le Lord Bolingbroke s'exprime ainsi, (page
216.) nouvelle édition de son admirable livre *l'É-
xamen Important.*

„ Vous avez le front de demander ce qu'il faut
„ mettre à la place de vos Fables! Je vous ré-
„ ponds Dieu, la vérité, la vertu, des loix, des
„ peines & des récompenses; préchez la probité
„ & non le dogme, soyez les Prêtres de Dieu, &
„ non les Prêtres d'un homme.

L'Auteur du Militaire Philosophe, de cet excellent ouvrage qu'on ne peut trop méditer, s'exprime ainsi (page 41. de la nouvelle édition.)

„ Je mets au nombre des moments les plus heu-
„ reux de ma vie, celui où mes yeux ont com-
„ mencé à s'ouvrir. Indépendamment du calme

L 4

„ & de la liberté d'efprit dont je jouis depuis que
„ je ne fuis plus fous le joug des préjugés Reli-
„ gieux, je fens que j'ai de Dieu, de fa nature
„ & de fes puiffances infinies des fentimens plus
„ élevés & plus dignes de ces grands objets. Je
„ fuis plus fidele à mes devoirs, je les remplis a-
„ vec plus de plaifir & d'exactitude depuis que
„ je les ai réduits à leurs véritables bornes, &
„ depuis que j'ai fondé l'obligation morale fur fa
„ vraie baze: en un mot, je fuis tout un autre
„ homme, tout un autre pere, tout un autre fils,
„ tout un autre mari, tout un autre maître, tout
„ un autre fujet ; je ferais de même tout un autre
„ foldat ou tout un autre Capitaine. Dans tou-
„ tes mes actions je confulte la nature, la raifon
„ & la confcience qui m'inftruifent de la vérita-
„ ble juftice, au lieu que je ne confultais aupara-
„ vant que ma fecte qui m'étourdiffait de précep-
„ tes frivoles, injuftes, impraticables & nuifi-
„ bles ; mes fcrupules ne tombent plus fur ces
„ vaines pratiques dont l'obfervation tient lieu à
„ tant de gens, de la probité & des vertus focia-
„ les. Je ne me permets plus ces petites injufti-
„ ces qu'on a fi fouvent occafion de commettre
„ dans le cours de la vie, & qui entraînent quel-
„ quefois de très grands malheurs.

Nous voyons avec une extrême fatisfaction que
tout les grands Théiftes admettent un Dieu jufte
qui punit, qui récompenfe & qui pardonne. Les
vrais Chrétiens doivent révérer le Théifme comme
la baze de la Religion de Jéfus ; point de Religion
fans Théifme, c'eft-à dire fans la fincere adoration
d'un Dieu unique. Soyons donc Théiftes avec
Jéfus & comme Jéfus, que vous appellez fi indignement fils ... putatif d'un Charpentier.

Inſtructions à Antoine Jean Ruſtan.

SI vous vouliez être véritablement utile à vos freres, nous vous exhorterions à écrire ſagement contre ceux des Théiſtes qui ſe ſont écartés de la Religion Chrétienne ; mais en les réfutant que ce ſoit avec ſageſſe & avec charité ; faites quelques pas vers eux, afin qu'ils viennent à nous. Si vous combattez l'erreur, rendez juſtice au mérite.

N'écrivez qu'avec reſpect contre le Curé Melier qui demanda pardon en mourant d'avoir enſeigné le Chriſtianiſme; il n'aurait pas eu ces remords s'il avait enſeigné un ſeul Dieu ainſi que Jéſus.

Vous ne gagnerez rien à vomir des injures contre Mylord Herbert, Mylord Shaftsburi, Mylord Bolingbroke, le Comte de Boulainvilliers, le Conſul Maillet, le Savant & judicieux Bayle, l'intrépide Hobbes, le hardi Toland, l'éloquent & ferme Trenchard, l'eſtimable Gordon, le Savant Tindal, l'adroit Midleton & tant d'autres.

Ce n'eſt pas une petite entrepriſe de répondre à l'Examen important, au Cathéchiſme de l'Honnête Homme, au Militaire Philoſophe, au Livre du Savant & judicieux Frêret, au Dialecticien Dumarſai, au livre de Boulanger, à l'Evangile de la Raiſon, au Vicaire Savoyard, le ſeul véritablement bon ouvrage qu'ait jamais fait Jean-Jaques Rouſſeau.

Tous ces Auteurs prétendent que le ſyſtême qu'ils combattent, s'eſt établi naturellement & ſans aucun prodige. Ils diſent qu'à la vérité les Prêtres d'Iſis, ceux de la Déeſſe de Syrie, ceux de Cérès Eleuſine, & tant d'autres avaient des ſecrets pour chaſſer les eſprits malins du corps des Lunatiques, que les Juifs depuis qu'ils avoient em-

braſſé la doĉtrine des Diables, les chaſſaient par
la vertu de la racine barath & de la clavicule de
Salomon. Que dans Matthieu & Luc (85) on
convient de cette puiſſance du peuple Juif; mais
ils ajoutent avec audace que ce miracle n'eſt pas
bien avéré chez les Prêtres de Syrie. Les Galiléens, dit Dumarſai, ajouterent à leurs exorciſmes
des déclamations contre les riches. Ils criaient, la
fin du monde approche: le Royaume du Ciel va
venir; il n'y aura que les pauvres qui entreront
dans ce Royaume; donnez - nous tout ce que vous
avez, & nous vous ferons entrer. Ils prédiſaient
toutes ſortes de malheurs à l'Empire Romain, comme le rapporte Lucien qui en a été le témoin 86).
Les malheurs ne manquent jamais d'arriver. Tout
homme qui prédira des malheurs ſera toujours un
vrai Prophête; le peuple criait miracle & prenait
les Galiléens pour des ſorciers. Peu à peu les Galiléens s'inſtruiſirent chez les Platoniciens; ils mê-
lerent leurs contes avec les dogmes de Platon, ils
en compoſerent une ſecte nouvelle.

Voilà ce que Dumarſai dit; & ce qu'il faut abſolument réfuter.

Mylord Bolingbroke va encor plus loin; il cite
l'exemple du cardeur de laine le Clerc, qui le premier établit le Calviniſme en France, & qui fut
martyriſé; Fox le patriarche des Quakers qui était
un payſan; Jean de Leide tailleur qui fut Roi des
Anabatiſtes; & vingt exemples ſemblables; voilà
dit - il, comme les ſectes s'établiſſent; il faut réfuter Mylord Bolingbroke.

Le Prince reſpeĉtable qui a fait le Sermon des
Cinquante, réimprimé ſix fois dans le Recueil né-

---

(85) *Matthieu chap.* 12. *Luc. chap.* 11.
(86) *Voyez le Philopatris de Lucien.*

ceſſaire (*Tom. I. pag.* 166.) s'exprime ainſi : „ La
„ ſecte de ce Jeſus ſubſiſte cachée; le fanatiſme
„ s'augmente ; on n'oſe pas d'abord faire de cet
„ homme un Dieu, mais bientôt on s'encourage.
„ Je ne ſais quelle métaphyſique de Platon s'amal-
„ game avec la ſecte Nazaréenne. On fait de Jé-
„ ſu le *Logos*, le verbe de Dieu; puis conſubſtan-
„ tiel à Dieu ſon pere; on imagine la Trinité, &
„ pour la faire croire on falſifie les premiers Evan-
„ giles. On ajoute un paſſage touchant cette Tri-
„ nité, de même qu'on falſifie l'hiſtorien Joſephe
„ pour lui faire dire un mot de Jéſus, quoique Jo-
„ ſephe ſoit un Hiſtorien trop grave pour avoir
„ fait mention d'un tel homme. On va juſqu'à
„ forger des vers des Sibilles ; on ſuppoſe des
„ Canons des Apôtres, des Conſtitutions des A-
„ pôtres, un Symbole des Apôtres, un Voyage
„ de Simon Pierre à Rome, un aſſaut de miracles
„ entre ce Simon & un autre Simon prétendu ma-
„ gicien. En un mot, point d'artifice, de frau-
„ de, d'impoſture, que les Nazaréens ne mettent
„ en œuvre : & après cela on vient nous dire tran-
„ quilement que les Apôtres prétendus n'ont pu
„ être ni trompés ni trompeurs, & qu'il faut croi-
„ re à des témoins qui ſe ſont fait égorger pour
„ ſoutenir leurs dépoſitions.

„ O malheureux trompeurs & trompés qui par-
„ lez ainſi ! Quelle preuve avez-vous que ces A-
„ pôtres ont écrit ce qu'on met ſous leur nom?
„ Si on a pu ſuppoſer des Canons, n'a-t-on pas
„ pu ſuppoſer des Evangiles? N'en reconnaiſſez-
„ vous pas vous-mêmes de ſuppoſés? Qui vous
„ a dit que les Apôtres ſont morts pour ſoutenir
„ leur témoignage? Il n'y a pas un ſeul Hiſtorien
„ contemporain qui ait ſeulement parlé de Jéſus

„ & de ſes Apôtres. Avouez que vous ſoutenez
„ des menſonges par des menſonges; avouez que
„ la fureur de dominer ſur les eſprits, le fanatiſme
„ & le tems ont élevé cet édifice qui croule au-
„ jourd'hui de tous côtés, mazure que la raiſon
„ déteſte, & que l'erreur veut ſoutenir.

Réfutez le Prince Auteur de ces paroles à moins
que vous n'aimiez mieux être ſon Aumônier, ce
qui vous ferait plus avantageux.

Quand vous réfuterez ces Auteurs, gardez-vous
de falſifier les Saintes Ecritures; ne défendez pas
la vérité par le menſonge. On vous reproche aſſez d'avoir corrompu le texte en diſant dans votre
Libelle que lorſque le Seigneur ſur le bord du fleuve Chobar commanda à Ezéchiel de manger un
livre de parchemin & de ſe coucher pendant trois
cents ſoixante & dix jours ſur le côté gauche, &
pendant quarante ſur le côté droit, il *lui ordonna
auſſi de ſe faire du pain de pluſieurs ſortes de grai-
nes, & de ſe ſervir pour le cuire de bouze de vache.*
Liſez la Vulgate, vous y trouverez ces propres
mots, *comedes illud & ſtercore quod egreditur de ho-
mine, operies illud in oculis eorum. Tu mangeras ce
pain, & tu le couvriras de l'excrément qui ſort du
corps de l'homme.* Couvrir ſon pain de cet excrément n'eſt pas *cuire* ſon pain avec cet excrément.
Le Seigneur ſe laiſſe enſuite toucher aux prieres
du Prophête; il lui dit je te donne de la fiente de
bœuf au lieu de fiente d'homme

Pourquoi donc avoir falſifié le texte? Pourquoi
nous expoſez-vous aux plaintes ameres des incrédules, c'eſt-à-dire, de ceux qui ne ſont pas
crédules, & qui ne vous en croiront pas ſur votre parole?

Nous n'approuvons pas la ſimplicité de ceux qui

tràduifent *ftercore* par *de la merde.* C'eft le mot propre, difent-ils. Oui, mais la bienféance & l'honnêteté font préférables au mot propre, quand la fidélité de la traduction n'en eft point altérée.

On prétend que vous avez traduit auffi infidélement tout ce qui regarde les deux fœurs Oola & Oliba, dans le même Ezéchiel aux chapitres 16 & 23. Le texte porte; *ubera tua intumuerunt, pilus tuus germinavit, vos tetons ont groffi, votre poil a pointé. Ædificavifti tibi lupanar, vous vous êtes bâti un bordel. Divififti pedes omni tranfeunti. Vos avez ouvert vos cuiffes à tous les paffants. Oolla infanivit libidine fuper concubitum eorum, quorum carnes funt ut carnes afinorum, & ficut fluxus equorum fluxus eorum.* Oola s'eft abandonnée paffionément au coït avec ceux qui ont des membres d'âne, & dont la femence eft comme la femence des chevaux. Vous pouriez certainement adoucir les mots fans gâter la pureté du texte, la langue hébraïque fe permettait des expreffions que la françaife réprouve.

Ainfi nous ne voudrions point que vous traduififfiez les révélations du Prophête Ofée felon la lettre, mais felon l'efprit. L'hébreu s'exprime ainfi à la vérité, le Seigneur dit à Ofée (ch. 1.) *prenez une femme de fornication, & faites lui des fils de fornication, filios fornicationum,* felon la vulgate. Vous avez traduit ces mots par, *fils de putain,* cela eft trop groffier, & vous deviez dire enfans de la débauche, enfans du crime.

Enfuite, lorfqu'au chap. 3. le Seigneur lui ordonne encor de prendre une femme adultere, & que le Prophête dit, *fodi eam pro quindecim argenteis, & coro hordei, je la careffai pour quinze drachmes & un feptier d'orge.* Vous rendez ce mot *fodi* par le terme déshonnête qui lui répond. Gardez-vous de jamais tomber dans ces indécences.

Le commentaire fur le nouveau Teftament auquel vous travaillez, a d'autres inconvénients. Cette entreprife eft d'un extréme difficulté; elle exige bien plus de connaiffances qu'on ne croit. Celles même des Simon, des Fabricius, des Cotellier, des Caves, des Gréaves, des Grabe, ne fuffifent pas. Il faut comparer tout ce qui peut nous refter des cinquante Évangiles négligés ou rejettés avec les quatre reçus. Il eft très difficile de décider lefquels furent écrits les premiers. Une connoiffance approfondie du Talmud eft abfolument néceffaire. On y rencontre quelques traits de lumiere, mais elles difparaiffent bientôt, & la nuit redouble. Les Juifs ne donnent point à Marie le même époux que lui donnent les Evangiles, ils ne font point naître Jéfus fous Hérode; l'arrivée des Mages, leur étoile, le maffacre des Innocens ne fe lifent dans aucun Auteur Juif, pas même chez Flavian Jofephe, parent de Mariane femme d'Hérode. *Le Sepher Toldos Jefchut* eft trop rempli de fables abfurdes pour qu'on y puiffe bien difcerner le peu de verités hiftoriques qu'il peut contenir.

Dans nos Evangiles il fe trouve malheureufement des contradictions qu'il femble impoffible à l'efprit humain de concilier. Telles font les deux généalogies de Jéfus, l'une par Matthieu & l'autre par Luc. Perfonne n'a jamais pu jufqu'à préfent trouver un fil pour fortir de ce labirinthe; & Pafcal a été réduit à dire feulement, *cela ne s'eft pas fait de concert.* Non fans doute, ils ne fe font pas concertés, mais il faut voir comment on peut les rapprocher.

Le commencement de Luc n'eft pas moins embarraffant. Il eft conftant qu'il n'y eut qu'un feul dénombrement des citoyens romains fous Auguste; & il eſt avéré que ceux qui en ont ſuppoſé deux, ſe ſont trompés. Il eſt encor avéré par l'hiſtoire & par les médailles que Cirenius ou Quirinius n'étoit point Gouverneur de Syrie quand Jéſus nâquit, & que la Syrie était gouvernée par Quintilius Varus. Cependant voici comme Luc s'exprime, *dans ces jours émana un édit de Céſar Auguſte, qu'il fût fait un dénombrement de tout l'Univers. Ce fût le premier dénombrement, lequel fut fait par Cirinius, on Quirinius préſident de Judée. Et comme chacun allait ſe faire enrégiſtrer dans ſa Ville; Joſeph monta de la Ville de Galilée Nazareth à la Cité de David Béthléem en Judée, parce qu'il était de la maiſon & de la famille de David.*

Nous avouons qu'il n'y a preſque pas un mot dans ce récit qui ne ſemble d'abord une erreur groſſiere. Il faut lire St. Juſtin, St. Irenée, St. Ambroiſe, St. Cirille, Flavian Joſephe, Hervard, Périzonius, Caſaubon, Grotius, le Clerc, pour ſe tirer de cette difficulté; & quand on les a lus, la difficulté augmente.

Le chapitre 21 de Luc vous jette dans de plus grandes perplexités. Il ſemble prédire la fin du monde pour la génération qui exiſtait alors. Il y eſt dit expreſſément, *que le fils de l'homme viendra dans une nuée avec une grande puiſſance & une grande majeſté.* St. Paul & St. Pierre annoncent clairement la fin du monde pour le temps où ils vivent.

Nous avons plus de cinquante explications de ces paſſages leſquelles n'expliquent rien du tout.

Vous n'entendrez jamais St. Paul, ſi vous ne liſez tout ce que les Rabins ont dit de lui, & ſi vous ne conférez les actes de Thecle avec ceux des Apôtres. Vous n'aurez aucune connaiſſance du premier ſiecle de l'Egliſe ſi vous ne liſez le

Pasteur d'Hermas, les Récognitions de Clément, les Constitutions Apostoliques, & tous les ouvrages de ce tems-là, écrits sous des noms supposés. Vous verrez dans les siecles suivants une foule de dogmes tous détruits les uns par les autres. Il est très-difficile de démêler comment le Platonisme se fondit peu-à-peu dans le Christianisme. Vous ne trouvez plus qu'un cahos de disputes que dix-sept cents ans n'ont pu débrouiller. Ah! notre frere, une bonne action vaut mieux que toutes ces recherches. Soyons doux, modestes, patients, bienfaisants. Ne barbotons plus dans les cloaques de la théologie & lavons-nous dans les eaux pures de la raison & de la vertu.

Nous n'avons plus qu'un mot à vous dire. Vous vantez avec justice des exemples de bienfaisance que les Anglais ont donnés, & des souscriptions qu'ils ont ouvertes en faveur de leurs ennemis mêmes: mais les Anglais prétendent qu'ils ne se sont portés à ces actes d'humanité que depuis les livres des Shaftsburi, des Bolingbrokes, des Colins, &c. Ils avouent qu'il n'y eut aucune action généreuse de cette nature dans le tems que Cromwell prêchait le fanatisme le fer à la main, aucune lorsque Jaques Ier. écrivait sur la controverse, aucune quand le Tyran Henri VIII. faisait le théologien: ils disent que le Théisme seul a rendu la nation bienfaisante. Vous pourez tirer un grand parti de ces aveux, en montrant que c'est l'adoration d'un Dieu qui est la source de tout bien, & que les disputes sur le dogme sont la source de tout mal. Retranchez de la morale de Jésus les fadaises théologiques, elle restera divine; c'est un diamant qu'on a couvert de fange & d'ordure.

Nous vous souhaitons la modération & la paix.
SERMON

SERMON

Du Papa NICOLAS CHARISTESKI, *prononcé dans l'Eglise de Ste.* TOLERANSKI, *village de Lithuanie le jour de Ste. Epiphanie.*

MES FRERES,

NOus faifons aujourd'hui la Fête de trois grands Rois, Melchior, Baltazar & Gafpard. Lefquels vinrent tout trois à pied des extrêmités de l'Orient, conduits par une étoile Epiphane, & chargés d'or, d'encens & de mirrhe, pour les préfenter à l'enfant Jéfus. Où trouverons-nous aujourd'hui trois Rois qui voyagent enfemble de bonne amitié avec une étoile, & qui donnent leur or à un petit garçon?

S'il y a de l'or dans le monde, ils fe le difputent tous, ils enfanglantent la terre pour avoir de l'or, & enfuite ils fe font donner de l'encens par mes confreres qui ne manquent pas de leur dire à la fin de leurs fermons, qu'ils font fur la terre les images du Dieu vivant.

Nous croyons du moins dans ma Paroiffe que le Dieu vivant eft doux, pacifique, qu'il eft également le pere de tous les hommes; que dans le fond du cœur il ne leur veut aucun mal; qu'il ne les a point formés pour être malheureux dans ce monde-ci, & damnés dans l'autre; ainfi nous ne regardons comme images de Dieu, que les Rois qui font du bien aux hommes.

Que Mouftapha me pardonne donc fi je ne puis le reconnaître pour image de Dieu. J'entends dire que cet homme, avec qui nous n'avions rien à démêler, s'eft avifé d'abord de violer le droit des gens, de mettre dans les fers un Miniftre public qu'il devait refpecter, & qu'il a envoyé vers nos terres une troupe de brigands dévaftateurs, n'ofant pas y venir lui-même.

M

Je n'imaginerai jamais, mes Freres, que Dieu & un Turc sanguinaire & poltron se ressemblent comme deux goutes d'eau.

Mais ce qui m'étonne d'avantage, ce qui me fait dresser à la tete le peu de cheveux qui me restent, ce qui me fait crier *Heli*, *Heli*, *Lamma Sanathani* ou *Labasanathani*, ce qui me fait suer sang & eau, c'est que je viens de lire dans un Manifeste de Confédérés ou Conjurés de Pologne, comme il vous plaira, ces propres paroles (page 5.).

„ La Sublime Porte notre bonne voisine & fi-
„ dele alliée, excitée par les traités qui la tiennent
„ à la République & par l'intérêt même qui l'atta-
„ che à la conservation de nos droits, a pris les
„ armes en notre faveur. Tout nous invite donc
„ à réunir nos forces pour nous opposer à la
„ chute de notre sainte religion. "

Ah! mes Freres, en quoi cette Porte est-elle Sublime? c'est la Porte du Palais bâti par Constantin & ces barbares l'ont arrosé du sang du dernier des Constantins. Peut-on donner le nom de Sublime à des loups qui sont venus égorger toute la bergerie? Quoi! ce sont des chrétiens qui parlent & ils osent dire qu'ils ont appellé les fideles Mahométans contre leur propre Patrie! contre les chrétiens!

Braves Polonais, ce n'était pas ainsi qu'on entendit parler & qu'on vit agir votre grand Sobieski, lorsque dans les plaines de Chokfim il lava dans le sang de ces brigands la honte de votre nation qui payait un tribut à la Sublime Porte; lorsqu'ensuite il sauva Vienne du carnage & des fers; lorsqu'il remit l'Empereur chrétien sur son Trône: certes vous n'appelliez pas alors ces ennemis du genre humain *vos bons voisins & vos fideles alliés*.

Quel est le but, mes chers Freres, de cette alliance monstrueuse avec la Porte des Turcs? c'est d'exterminer les chretiens leurs freres qui diffe-

rent d'eux fur quelques dogmes, fur quelques ufa-
ges, & qui ne font pas comme eux les efclaves
d'un Evêque Italien.

Ils appellent la religion de cet Italien, Catholique & Apoftolique, oubliant que nous avons eu
le nom de Catholiques longtems avant eux; que le
mot de Catholique eft un terme de notre langue,
ainfi que tous les termes confacrés au Chriftianifme
que nous leur avons enfeigné; que tous leurs E-
vangiles font Grecs; que tous les peres de l'Eglife
des quatres premiers fiecles ont été Grecs; que les
Apôtres qui ont écrit, n'ont écrit qu'en Grec; &
qu'enfin la religion Romaine, fi décriée dans la
moitié de l'Europe, n'eft (fi notre efprit de dou-
ceur nous permet de le dire), qu'une bâtarde ré-
voltée depuis longtems contre fa mere.

Ils nous appellent des Diffidents; à la bonne heure; nous diffiderons, ou nous différerons d'eux, tant
qu'il s'agira de fucer le fang des peuples, d'ofer fe
croire fupérieurs aux Rois, de vouloir foumettre les
Couronnes à une triple Mitre, d'excommunier les
Souverains, de mettre les Etats en interdit, & de
prétendre difpofer de tous les Royaumes de la terre.

Ces épouvantables extravagances n'ont jamais
été reprochées, grace au ciel, à la vraie Eglife, à
l'Eglife Grecque. Nous avons eu nos fottifes, nos
impertinences tout comme les autres, mes chers
Freres, mais jamais de telles horreurs.

Dieu nous a donné un Roi légitimement élu,
un Roi fage, un Roi jufte, à qui on ne peut re-
procher la moindre prévarication depuis qu'il eft
fur le trône. Les Confédérés ou Conjurés le perfécutent, ils lui veulent ravir la couronne & peut être
la vie, parce qu'ils le foupçonnent de quelque con-
defcendance pour notre Paroiffe de Ste. Toléran ki.

L'augufte Impératrice de Ruffie Catherine feconde, l'héroïne de nos jours, la protectrice de la

Sainte Eglife Catholique Grecque, fermement convaincue que le St. Efprit procede du Pere & non
pas du Fils, & que le Fils n'a pas la Paternité,
a jetté fur nous des regards de compaffion. C'en
eft affez pour que les Sarmates de l'Eglife latine
fe déclarent contre Catherine feconde.

Ils publient dans leur Manifefte du 4e. Juil-
let 1769, (page 241.) ,, qu'ils oppofent aux Ruf-
,, fes le courage & la vertu; que les Ruffes ne fe
,, font jamais rendus dignes de la gloire militai-
,, re; que leur armée n'ofe fe montrer devant l'ar-
,, mée de la Sublime Porte.

On fait comment Catherine feconde a répondu
à ces compliments en battant les Turcs partout
où fes armées les ont trouvés, en les chaffant de
la Moldavie & de la Valachie entieres, en leur
prenant prefque toute la Beffarabie, Azoph & Ta-
ganrok; en faifant pofer les armes à leurs Tartares, leur prenant leurs villes fur les deux bords du
Pont - Euxin en Europe & en Afie, enfin en faifant partir des Efcadres du fonds de la mer fep-
tentrionale pour aller détruire toute la flotte de
la Sublime Porte à la vue des Dardanelles. Les
Ruffes ont donc ofé fe montrer. Le Dieu Sa-
baoth a combatu pour eux, & il a été puiffam-
ment fecondé par les Gédeons appellés Orlof,
Romanzow, Gallitzin, Baver, Showalow, Spiri-
tow, & tant d'autres qui ont rendu Saint Nicolas fi refpectable aux Mahométans.

Songez, mes chers auditeurs, que la main puiffante de Catherine qui écrafe l'orgueil Ottoman,
eft cette même main qui foutient notre Eglife
catholique. C'eft celle qui a figné que la pré-
miere de fes loix eft la tolérance. Et Dieu dont
elle eft en ce point la parfaite image, a répandu fur elle fes bénédictions.

Elle eft Ointe, mes Freres. Pourquoi donc

les nations ont-elles médité des pauvretés contre l'Ointe, comme dit le Pſalmiſte? C'eſt qu'il n'eſt plus en Europe de Godefroi de Bouillon, de Scanderberg, de Mathias Corvin, de Moroſini. Ce n'eſt que la Ruſſie qui produit de tels hommes.

Aujourd'hui les chrétiens latins appellent le grand Turc leur St. Pere. Grand ſaint Nicolas, deſcendez du ciel où vous faites une ſi belle figure, & apportez dans ma Paroiſſe l'étendart de Mahomet. Conjurez de Pologne, allez baiſer la main de Catherine. Nations ne frémiſſez plus : mais admirez.

Dieu m'eſt témoin que je ne hais pas les Turcs, mais je hais l'orgueil, l'ignorance & la cruauté. Notre Impératrice a chaſſé ces trois monſtres. Prions Dieu & St. Nicolas de ſeconder toujours notre Auguſte Impératrice.

LE TOCSIN DES ROIS.

L'Europe a frémi de l'aſſaſſinat du Roi de Pologne. Les coups qui l'ont frappé ont percé tous les cœurs. Mais quelle puiſſance ſe met en devoir de le venger? Sera-ce la ſainte Vierge devant laquelle ces aſſaſſins jurerent ſur l'Evangile entre les mains d'un Dominicain de tuer le meilleur & le plus ſage Souverain qu'ait jamais eu la Pologne? Il eſt vrai que notre Dame de Cſentochova fait tous les jours des miracles, mais elle n'a pas fait celui de prévenir les deſſeins des conjurés ; & juſqu'ici notre Dame de Péterſbourg eſt la ſeule qui venge l'honneur & les droits du trône. On voit encor à la honte de tous les chrétiens des garniſons turques dans des villes Polonaiſes: & ſans les véritables miracles des armées Ruſſes, les Ottomans ſeraient dans Varſovie.

L'Empereur des Romains qui fait l'hiſtoire & qui eſt né pour faire des actions dignes de l'hiſtoire, ſait aſſez que ces Turcs ont mis deux fois le siege devant Vienne, & qu'ils ont fait plus de trois cents mille hongrois esclaves.

Les barbares tyrans de Constantinople, souillés si souvent du sang de leurs freres & de leurs visirs, traitent tous les Rois de l'Europe comme les Romains traitaient autrefois les petits Princes de la Cappadoce & de la Judée. Il regardent nos ambassadeurs comme des Consuls de marchands.

Mr. Porter, ci-devant Plénipotentiaire à Constantinople nous apprend que pour toute sureté nos Ambassadeurs n'ont que des concessions dont on ne leur laisse que des copies qui ne sont point authentiques, & quelques privileges établis par l'usage qui sont toujours contestes.

Il nous dit que le grand visir Jein Ali Pacha voulut il n'y a pas longtems les confiner tous dans l'île des Princes.

Quand un Ambassadeur est admis à l'audience du grand visir, ce barbare couché sur un sopha le fait asseoir sur un petit tabouret, lui dit quatre mots, & le renvoie, deux huissiers le prennent par les bras pour le faire pirouetter & pour le faire incliner devant leur maître. Les valets le huent & le sifflent. Du moins il n'y a pas longtems que cette étiquette était observée.

S'il veut paroître à l'inutile audience du Sultan, on le fait attendre deux heures & souvent à la pluie & à la neige, dans une petite cour triangulaire, sous un arbre autour duquel est un vieux banc pouri sur lequel les marmitons de sa hautesse viennent s'étendre. Il est ainsi conduit d'humiliations, en humiliations. Il dissimule ces affronts & fait accroire à ses commettants qu'ils sont reçus avec toutes sortes d'honneurs.

On sait quelles indignités ont souvent souffertes les Bailes de Venise. La Cour de France ne doit pas avoir oublié que dans le tems brillant de Louis XIV, le Grand Visir Mehemet Cupro-

glif fit donner à l'audience en 1758 un fouflet
à poing fermé au Sr. de la Haye Vantelet fils
de l'Ambaffadeur de France, Ambaffadeur lui-
même, & de plus Médiateur entre l'Empire
Turc & Venife. On caffa une dent à ce Miniftre, on le mit dans un cachot. Et pourquoi la
Porte exerça-t-elle contre lui ces atrocités? Parce
qu'il n'avait pas voulu expliquer une Lettre qu'il
écrivait en chiffre à un provéditeur de Venife.

Comment cette Porte Ottomanne traite-t-elle
les miniftres d'une puiffance à qui elle veut faire
la guerre? Elle commence par les faire mettre en
prifon. C'eft ainfi que Mouftapha maintenant
régnant, a fait enfermer au Château des fept
Tours le Plénipotentiaire de Ruffie. Cet info-
lent affront fait à tous les Princes dans la perfonne de ce Miniftre, a été bien vengé par les
victoires du Comte de Romanzof, par les flottes
qui font venues du fond du Nord mettre en cendre les flottes Ottomanes à la vue de Conftantinople fous le commandement des Comtes d'Orlof, par la conquête de quatre provinces, que les
Princes Galitzin, Dolgorouki & tant d'autres gé-
néraux illuftres ont arrachées aux Ottomans.

Tant d'exploits accumulés crient à haute voix
au refte de l'Europe: fecondez-nous & la tyrannie des Turcs eft détruite.

Certes fi l'Impératrice des Romains Marie Thé-
refe voulait préter fes troupes à fon digne fils,
qui pourait l'empécher de prendre en une feule
campagne toute la Bofnie & toute la Bulgarie,
tandis que les armées victorieufes de l'Impératrice
Catherine feconde marcheraient à Conftantinople.

Combien de fois le Comte Marfilli qui connaiffait
fi bien le gouvernement turc, nous a-t-il dit qu'il eft
aifé de jetter par terre ce grand Coloffe qui n'eft
puiffant que par nos divifions! je le repete après lui,

c'eſt notre faute ſi l'Europe n'eſt pas vengée.

On craint que la Maiſon d'Autriche ne devienne trop puiſſante, & que l'Empereur des Romains ne commande dans Rome, aimez-vous mieux que les Turcs y viennent? Ce fut longtems leur deſſein, & il pouront un jour l'accomplir ſi on les laiſſe reſpirer & réparer leurs pertes.

On craint encor plus la Ruſſie. Mais en quoi cette puiſſance ſerait-elle plus dangereuſe que celle des Turcs? Et pourquoi redouter des fléaux éloignés, tandis qu'on peut détruire des fléaux préſents?

Quoi! on a donné la Toſcane à un frere de l'Empereur, Parme à un fils d'un Roi d'Eſpagne, on a dépouillé le Pape de Bénevent & d'Avignon ſans que perſonne ait murmuré ; & on tremblerait d'ôter les états d'Europe à l'implacable ennemi de toute l'Europe! Les Vénitiens n'oſeraient reprendre Candie, on craindrait de rendre Rhode à ſes Chevaliers, on frémirait de voir le Turc hors de la Grece!

. Nos neveux ne pouront un jour comprendre qu'on ait eu cette occaſion unique, & qu'on n'en ait pas profité. Et ſi ce fameux Piaſte Jean Sobiesky, ce vainqueur des Ottomans revenait au monde, que dirait-il en voyant ſes compatriotes s'unir avec les Turcs contre ſon ſucceſſeur!

Les folles croiſades durerent autrefois plus de cent années ; & aujourd'hui la ſage union de deux ou trois princes eſt impraticab'e! Des millions d'hommes allerent périr en Syrie & en Egypte, & on tremble de laiſſer prendre Conſtantinople quand l'Egypte même nous tend les bras ! Et cette malheureuſe inaction s'appelle politique! La vraie politique eſt de chaſſer d'abord l'ennemi commun. Laiſſez au tems le ſoin de vous armer enſuite les uns contre les autres. Vous ne manquerez pas d'occaſions de vous égorger.

F I N.